Schutz von Patientendaten bei der bevölkerungsbezogenen
Krebsregistrierung zu epidemiologischen Forschungszwecken

Europäische Hochschulschriften
Publications Universitaires Européennes
European University Studies

Reihe II
Rechtswissenschaft

Série II Series II
Droit
Law

Bd./Vol. 2682

PETER LANG
Frankfurt am Main · Berlin · Bern · Bruxelles · New York · Wien

Anja Westheuser

Schutz von Patientendaten bei der bevölkerungsbezogenen Krebsregistrierung zu epidemiologischen Forschungszwecken

PETER LANG
Europäischer Verlag der Wissenschaften

Die Deutsche Bibliothek - CIP-Einheitsaufnahme

Westheuser, Anja:
Schutz von Patientendaten bei der bevölkerungsbezogenen
Krebsregistrierung zu epidemiologischen Forschungszwecken /
Anja Westheuser. - Frankfurt am Main ; Berlin ; Bern ;
Bruxelles ; New York ; Wien : Lang, 1999
   (Europäische Hochschulschriften : Reihe 2, Rechts-
   wissenschaft ; Bd. 2682)
   Zugl.: Hamburg, Univ., Diss., 1999
   ISBN 3-631-35136-4

D 18
ISSN 0531-7312
ISBN 3-631-35136-4
© Peter Lang GmbH
Europäischer Verlag der Wissenschaften
Frankfurt am Main 1999
Alle Rechte vorbehalten.

Das Werk einschließlich aller seiner Teile ist urheberrechtlich
geschützt. Jede Verwertung außerhalb der engen Grenzen des
Urheberrechtsgesetzes ist ohne Zustimmung des Verlages
unzulässig und strafbar. Das gilt insbesondere für
Vervielfältigungen, Übersetzungen, Mikroverfilmungen und die
Einspeicherung und Verarbeitung in elektronischen Systemen.

Meinen Eltern, Tobias

Mein aufrichtiger Dank gilt Herrn Professor Dr. Hans Peter Bull, der die Arbeit zu einem guten Abschluß geführt hat, sowie Frau Cornelia Baumgardt-Elms vom Hamburgischen Krebsregister.

Inhaltsverzeichnis

Einleitung   13

Kapitel 1
Krebs   15
I. Was ist Krebs?   15
II. Was bedeutet Krebs?   15

Kapitel 2
Epidemiologie   17
I. Gegenstand   17
II. Methodik   19
    A. Das epidemiologische Modell   19
    B. Messungen und Studien   20
       1. Deskription und Analyse   20
       2. Häufigkeitsziffern   21
       3. Studienformen   22
          a. Retrospektive Studien   22
          b. Prospektive Studien   23
       4. Stufen epidemiologischer Argumentation   25

Kapitel 3
Bevölkerungsbezogene Krebsregister als Datenquellen epidemiologischer Krebsforschung   27
I. Arten   27
II. Möglichkeiten und Grenzen bevölkerungsbezogener Krebsregister   28
III. Anforderungen der Epidemiologie an bevölkerungsbezogene Krebsregister   30
    A. Vollzähligkeit   30
    B. Fallbezug   32
IV. Beispiele für epidemiologische Studien, die mit Daten bevölkerungsbezogener Krebsregister realisiert worden sind   32

Kapitel 4
Bevölkerungsbezogene Krebsregistrierung und Persönlichkeitsrecht der Patienten 35
I. Wissenschaftsfreiheit 35
II. Recht auf informationelle Selbstbestimmung 37
   A. Entwicklung 38
   B. Schutzbereich 40
      1. Personenbezogene Daten 41
      2. Phasen der Datenverarbeitung 44
      3. Einwilligung 44
   C. Schranken der informationellen Selbstbestimmung 45
      1. Allgemeininteresse 45
      2. Transparenz 50
      3. Verhältnismäßigkeit 51
      4. Organisatorische und verfahrensrechtliche Regelungen 52
III. Persönlichkeitsrecht: Einfachgesetzliche Ausgestaltung 53

Kapitel 5
Bevölkerungsbezogene Krebsregistrierung in Deutschland: Entwicklungen und Tendenzen in der Gesetzgebung 55
I. Pioniere: Das Saarländische Gesetz über das Krebsregister und das Muster eines Gesetzes über ein Krebsregister 56
II. Neuorientierung nach dem Volkszählungsurteil: Einwilligung der Patienten als Grundlage personenbezogener Krebsregistrierung 57
III. Exkurs I: Bevölkerungsbezogene Krebsregistrierung in der DDR 58
IV. Exkurs II: „Sicherung" und Verarbeitung der Daten des Nationalen Krebsregisters nach dem Beitritt der „neuen" Länder 59
V. Meldung mit verschlüsselten Identitätsdaten 61
VI. Verschlüsselung erst nach der Meldung 63
VII. Exkurs III: Gesetzgebungskompetenz 64

Kapitel 6
Quervergleich: Modelle bevölkerungsbezogener Krebsregistrierung 69
I. Träger 69
II. Zweck der Registrierung 71
   A. Reine Forschungsdatenbank 71

		B. Kombination von Verwendungszwecken	72
		1. Forschung und Gesundheitsverwaltung	73
		2. Forschung und Überwachung	75
		3. Behandlung, Nachsorge und Forschung	76
III.	Art und Umfang der registrierten Daten		77
	A. Meldedaten		78
		1. Methoden der Auswahl	80
		2. Häufig erhobene Zusatzdaten	81
	B. Ergänzung mittels anderer Datensammlungen		82
		1. Sterbedaten	82
		2. Meldebehörden	84
IV.	Modalitäten der Meldung		85
	A. Personenbezogene Meldung		85
		1. Krebsregister als Treuhänder	86
		2. Periphere Teilanonymisierung	87
		3. Zentrale Verschlüsselung	88
		a. Das Prinzip	89
		b. Zentrale Verschlüsselung in der Praxis	90
		4. Auftragsdatenverarbeitung	91
	B. Meldung anonymisierter Daten		93
		1. Verzicht auf identifizierende Angaben	93
		2. Meldung unter Kennung	94
		a. Wahl der Kennung	95
		b. Probleme in der Praxis	96
		c. Herstellung des Fallbezugs	99
		(1) Referenzliste	99
		(2) Probleme bei Praxisübergabe	100
	C. Zwischenergebnis		103
	D. Verzicht auf die Einwilligung		103
		1. Freiwilligkeit der Meldung	103
		2. Unmöglichkeit der Einholung	104
		3. Meldepflicht	107
	E. Meldung mit Einwilligung des Patienten		108
		1. Wirksamkeitsvoraussetzungen	108
		a. Inhalt der Unterrichtung	109
		b. Einwilligungsfähigkeit	109
		c. Exkurs: Mainzer Kinderkrebsregister	110
		d. Schriftform	112
		2. Einwilligung ausreichend?	113

	F. Widerspruchslösung	114
	G. Meldung personenbezogener Daten ohne Einwilligung des Patienten?	115
	1. Schwere des Eingriffs	116
	2. Öffentliches Interesse	117
	3. Abwägung	117
	a. Aufgeklärte Patienten	117
	b. Nicht-aufgeklärte Patienten	118
V.	Speicherung	119
VI.	Übermittlung	120
	A. Registerinterne Auswertungen	120
	B. Aggregierte Daten	121
	C. Anonymisierte Einzeldaten	121
	D. Personenbezogene Daten	123
	1. Allgemeine Regelungen für die Weitergabe personenbezogener Daten an Dritte	124
	a. Zweck der Übermittlung	124
	b. Empfänger	125
	2. Übermittlung mit Einwilligung des Betroffenen	126
	a. Generelle Einwilligung	126
	b. Einwilligung im Einzelfall	127
	c. Probleme der Einwilligung bei den Verschlüsselungsmodellen	127
	3. Übermittlung ohne Einwilligung des Betroffenen	128
	a. Schutzwürdige Belange des Betroffenen nicht beeinträchtigt	128
	b. Unzumutbarkeit	130
	c. Überwiegendes öffentliches Interesse	131
	E. Abgleich mit anderen bevölkerungsbezogenen Krebsregistern	132
	F. Übermittlung an die Dachdokumentation Krebs	133
VII.	Befragungen	133
	A. Allgemeine Voraussetzungen	134
	B. Patientenbefragung	134
	C. Befragung Dritter	136
	D. Patient verstorben	136
VIII.	Rechte der Betroffenen	137
	A. Auskunft	137
	B. Berichtigung	139
	C. Löschung	139

Kapitel 7
Abschließende Stellungnahme 141

Literaturverzeichnis 147

Einleitung

Krebs ist die zweithäufigste Todesursache in Deutschland. Jährlich erliegen rund 160.000 Menschen diesem Leiden, in demselben Zeitraum ist mit etwa 250-300.000 Neuerkrankungen zu rechnen[1]. Ein erklärter Schwerpunkt gesundheitspolitischen Handelns liegt daher auf der wirksamen Bekämpfung dieser Erkrankungen[2]. Große Bedeutung wird hier neben kurativen Maßnahmen der Krebsprävention beigemessen, insbesondere durch Unterstützung epidemiologischer Forschung[3]. Eine Quelle der Krebsepidemiologie sind bevölkerungsbezogene Krebsregister, die Krankheitsdaten in bestimmten Regionen wohnender Patienten sammeln, auswerten und für wissenschaftliche Zwecke bereithalten[4].

Die Anforderungen von Epidemiologen an diese Register laufen auf eine Verwendung personenbezogener Daten ohne Einwilligung der Betroffenen hinaus[5]. Dem steht das Recht der Patienten entgegen, grundsätzlich selbst über die Verwendung dieser Daten zu bestimmen, sog. Recht auf informationelle Selbstbestimmung[6]. Es gilt hier, „Verfahren zu schaffen, welche das Grundrecht des Patienten nicht beeinträchtigen und trotzdem den Weg zu Erkenntnissen nicht versperren"[7]. In der vorliegenden Arbeit sollen Spannungen zwischen der Förderung epidemiologischer Krebsforschung durch bevölkerungsbezogene Krebsregistrierung und dem Selbstbestimmungsrecht der Patienten dargestellt und Anforderungen an mögliche Lösungen aufgezeigt werden. Von besonderer Bedeutung sind dabei Erforderlichkeit und Zumutbarkeit der Registrierung und Verarbeitung personenbezogener Patientendaten.

---

[1] Memorandum BÄK, S. 15
[2] Krebsbericht der Bundesregierung, BTDrs. 8/3556, S. 31
[3] Krebsbericht aaO, S. 3 ff.
[4] Frentzel-Beyme, Epidemiologie, S. 130 ff.
[5] Memorandum BÄK, S. 14
[6] grundlegend BVerfGE 65, 1 - Volkszählung
[7] Reichertz, Datenschutz, Forschung und Vertraulichkeit im Krankenhaus in der Bundesrepublik Deutschland und im europäischen Umfeld, in: Abt u.a. (Hrsg.), Krankendaten, Krankheitsregister, Datenschutz, S. 329 (343)

Kapitel 1

Krebs

I. Was ist Krebs?

Krebs ist eine Sammelbezeichnung für mehr als einhundert Krankheitsbilder, denen gemeinsam ist, daß im Körper entartete Zellen unkontrolliert wachsen und sich verbreiten. Anfangs wachsen die Zellen an ihrer ursprünglichen Stelle. Bleibt die Erkrankung unerkannt, so breiten sich die meisten Krebsarten aus (Metastasenbildung), indem sie entweder in die angrenzenden Gewebe oder Organe eindringen oder indem einzelne Krebszellen über das Blut oder die Lymphe an andere Körperstellen gelangen und sich dort vermehren[8].

II. Was bedeutet Krebs?

Zu Beginn dieses Jahrhunderts war Krebs fast immer unheilbar. Ärzte enthielten ihren Patienten die Diagnose vor, aus Angst, die Betroffenen könnten sich umbringen. Gerüchte über Ansteckungsgefahren kursierten, Symptome einiger Krebsarten ähnelten denen von Geschlechtskrankheiten, daher wurde Krebs mit einem ausschweifenden Sexualleben assoziiert[9]. Inzwischen konnten die Möglichkeiten zur Behandlung und Heilung, abhängig von Art und Stadium der Krebserkrankung, vielfach verbessert werden. Unabhängig vom konkreten Krankheitsverlauf und von den konkreten Folgen, Behandlungs- und Heilungsmöglichkeiten sind Krebserkrankungen jedoch noch immer mit diffusen Ängsten verbunden, die zwei amerikanische Wissenschaftler so beschreiben: „[...] die allgemeine Einstellung unserer Gesellschaft: „Ich möchte darüber am liebsten nicht nachdenken." Diese negative ängstliche Haltung zeigt sich auch darin, daß viele Menschen das Wort Krebs kaum auszusprechen wagen und Umschreibun-

---

[8] Holleb, Krebs heute: eine Übersicht, in: Holleb (Hrsg.), Krebsbuch, S. XII (XIV)
[9] Holland/Cullen, Neue Erkenntnisse und veränderte Einstellungen, in: Holleb (Hrsg.), Krebsbuch, S. 3 (5 f.)

gen bevorzugen wie „unheilbares Leiden" oder „tückische Krankheit" oder scheinbar cool von „Ca" sprechen"[10].

Geschätzte 60 - 90 % aller Krebserkrankungen werden durch Umweltfaktoren oder durch individuelle Lebensweisen ausgelöst[11]. Der überwiegende Teil der Erkrankungen kann damit im Prinzip verhindert werden, vorausgesetzt, die schädlichen Faktoren werden (1) individualisiert und (2) ausgeschaltet. Wegen der oft jahrzehntelangen Latenzzeit zwischen Exposition und Krankheitsausbruch hat sich die Individualisierung krebsauslösender Stoffe als außerordentlich schwierig erwiesen[12]. Bevölkerungsbezogene Krebsregister sollen durch die Bereitstellung von Daten für die epidemiologische Krebsforschung einen Beitrag zur Erkennung ursächlicher Faktoren (Ätiologie) mit den Methoden der Epidemiologie leisten. Die Umsetzung so erlangter Erkenntnisse über Krebsursachen ist nicht Sache der Krebsregister, hierfür bedarf es gesundheitspolitischer Entscheidungen und Änderungen im Verhalten des Einzelnen.

---

[10] Holland/Cullen, Neue Erkenntnisse und veränderte Einstellungen, in: Holleb (Hrsg.), Krebsbuch, S. 3

[11] Wagner, Krebsregister - notwendig, wenn auch nicht unproblematisch, klinikarzt 13 (1984), 753; Memorandum BÄK spricht von der überwiegenden Anzahl der Erkrankungen.

[12] Wagner aaO.

Kapitel 2

Epidemiologie

I. Gegenstand

Epidemiologie ist eine Wissenschaftsrichtung in der Medizin, die die Häufigkeit und Verbreitung von Krankheiten in der Bevölkerung und ihre Determinanten, insbesondere physikalischer, chemischer, psychischer und sozialer Art, zu erforschen sucht[13]. Ausgehend von der Annahme, daß Krankheiten nicht zufällig auftreten, sondern nach einem spezifischen Muster, das die Wirkung der zugrundeliegenden Einflußgröße(n) spiegelt, fragen Epidemiologen mit bestimmten quantitativen Methoden nach entsprechenden Zusammenhängen[14]: Sie beschreiben zunächst örtliche und zeitliche Unterschiede physiologischer Variabler und der Krankheitshäufigkeit sowie den natürlichen Verlauf von Erkrankungen in definierten menschlichen Populationen. Aufgrund von Assoziationen zwischen verdächtigen Faktoren und spezifischen Effekten erarbeiten Epidemiologen sodann Risikofaktor-Hypothesen und überprüfen diese mit Methoden, die insbesondere[15] aus der Statistik, Demographie und aus den klinischen Wissenschaften stammen[16].

Wird etwa eine Häufung von X-Krebs in der Umgebung des emittierenden Betriebes Y beobachtet, könnte eine Risikofaktorhypothese lauten: Es besteht ein Zusammenhang zwischen Art und Maß der Emission und dem Auftreten von X-Krebs. Das Erkennen und Verstehen kausaler Wirkungen ist dabei gewissermaßen das Nahziel epidemiologischer Forschung. Fernziel der Suche nach den Krankheitsursachen (Ätiologie) ist vor allem die Prävention durch Beseitigung krankmachender Faktoren[17]. Epidemiologie

---

[13] Das griechische „epi demos" bedeutet „auf dem Volke", Pflanz, Epidemiologie, S. 1, Frentzel-Beyme übersetzt mit „im Volke verbreitet", Epidemiologie, S. 1
[14] Frentzel-Beyme, Epidemiologie, S. 2; ders., Aufgaben der Datenverarbeitung in der Epidemiologie, mt 94 (1974), S. 107.
[15] Pflanz, Epidemiologie, S. 1
[16] dazu Abel, Epidemiologie des Krebses, S, 11
[17] Frentzel-Beyme, Epidemiologie, S. 2

zeigt hier Handlungsbedarfe auf, bietet gleichzeitig Möglichkeiten zur Überprüfung der Effektivität bisheriger Anstrengungen zur Krankheitsbekämpfung[18].

Besonderheiten der Epidemiologie lassen sich anhand einer Abgrenzung von anderen Richtungen der Medizin verdeutlichen:

Kurative Medizin stellt - erst - bei Vorliegen diagnostizierbarer Krankheitssymptome Eingriffsmöglichkeiten zur Verfügung[19], mit dem Ziel, den Gesundheitszustand des bereits Erkrankten zu verbessern, zumindest eine Verschlechterung des status quo zu verhindern, zu verlangsamen oder erträglich zu machen. Epidemiologie widmet sich dem Krankheitsverlauf des Einzelnen nicht, um den Betroffenen zu behandeln, sondern um Erkenntnisse zu erlangen, mit Hilfe derer die Entstehung gleicher Krankheiten bei anderen Personen verhindert werden kann. Der einzelne Patient steht dabei nur soweit im Mittelpunkt des Interesses, wie er die hierfür erforderlichen Daten liefern kann. Die Verbesserung seiner Behandlung aufgrund der epidemiologischen Verarbeitung seiner Daten ist theoretisch möglich, etwa, wenn der Betroffene einen als verdächtig erkannten Stoff meidet, sie ist jedoch nicht Zweck der Datenverarbeitung, aufgrund der Dauer epidemiologischer Erkenntnisgewinnung auch eher unwahrscheinlich. Die *experimentelle Forschung* ist wie die Epidemiologie eine Säule der Ätiologie, beide Wissenschaften unterscheiden sich durch ihre Methodik: Ursachenforschung wird in der Epidemiologie nicht mit Experimenten an Labortieren oder in eigens dafür geschaffenen biologischen Systemen praktiziert[20], sondern durch Beobachtung des natürlichen Krankheitsgeschehens. Dieses Verfahren kann jedoch insofern als „quasi-experimentell"[21] bezeichnet werden, als in seinem Mittelpunkt die Folgen der Einwirkung oder

---

[18] Frentzel-Beyme, Aufgaben der Datenverarbeitung in der Epidemiologie, mt 94 (1974), S. 106 (109); Pflanz, Epidemiologie, S. 2

[19] Lemke/Laaser, Das epidemiologische Modell der Risikofaktoren und seine Umsetzbarkeit - die Epidemiologie in der Realität der Gesundheitspolitik, MMG 11 (1986), S. 216

[20] Karhausen, Einleitung, in: Holland u.a. (Hrsg.), Epidemiologie im Gesundheitswesen, S. 2

[21] Frentzel-Beyme, Aufgaben der Datenverarbeitung in der Epidemiologie, mt 94 (1974), S. 106 (109)

des Weglassens bestimmter Stoffe auf Menschen stehen, Beispiele: Berufskrankheiten einerseits, Aufgabe des Rauchens andererseits[22].

II. Methodik

A. Das epidemiologische Modell

Epidemiologische Forschung befaßte sich ursprünglich nur mit den Ursachen von Infektionskrankheiten[23]. Robert Koch formulierte das Grundmodell einer Dreiecksbeziehung zwischen Erreger, Wirt und Umwelt. Danach kommt es nur dann zu einer Infektion, wenn alle drei zur gleichen Zeit am gleichen Ort in bestimmter Weise korrespondieren[24]. In Anlehnung an dieses Grundmodell wurden folgende Prinzipien für die Annahme einer kausalen Beziehung bei nichtinfektiösen Krankheiten entwickelt, wobei der Blick hier auf die Beziehung Gesamtbevölkerung-Einzelperson gerichtet ist[25]:

(1) Das verdächtige Charakteristikum muß häufiger bei Personen mit der fraglichen Krankheit gefunden werden als bei Personen, die nicht daran erkrankt sind.

(2) Personen mit dem Charakteristikum müssen die Krankheit häufiger entwickeln als Personen ohne dieses Charakteristikum.

(3) Die Spezifität der Beobachtung muß durch vergleichende Untersuchung der Beziehungen zwischen verdächtigem Charakteristikum und der fraglichen Krankheit einerseits, ähnlichen Krankheiten andererseits nachgewiesen werden.

(4) Die Ursache muß zeitlich vor der Wirkung liegen.

---

[22] Frentzel-Beyme, Epidemiologie, S. 3
[23] zur Geschichte der Epidemiologie ausführlich Frentzel-Beyme, Epidemiologie, S. 9 ff.
[24] Pflanz, Epidemiologie, S. 9
[25] Lemke/Laaser, Das epidemiologische Modell, MMG 11 (1986), S. 217; Frentzel-Beyme, Aufgaben der Datenverarbeitung in der Epidemiologie, mt 94 (1974), S. 106 (109); Pflanz, Epidemiologie, S. 9

B. Messungen und Studien

Epidemiologische Forschung basiert auf dem Prinzip des quantitativen Vergleichs von Krankheitsfällen[26]. Gegenübergestellt werden sowohl Häufigkeitsraten, die innerhalb derselben Bevölkerungsgruppe zu verschiedenen Zeiten gewonnen wurden als auch solche, die in derselben Zeit oder in demselben Zeitraum in verschiedenen Bevölkerungsgruppen erhoben wurden. Die Fragestellungen lauten zunächst: „Wieviele Personen sind wo und wann woran erkrankt?"[27], sodann: „Weshalb? Welche Risikofaktoren könnten innerhalb der Bevölkerungsgruppe vorhanden sein?"[28]

1. Deskription und Analyse

Hauptarbeitsgebiete der Epidemiologie sind Deskription und Analyse des Krankheitsgeschehens[29]. Zwischen beiden Richtungen besteht kein prinzipieller Unterschied, vielmehr ist eine exakte Beschreibung des Krankheitsgeschehens Voraussetzung jeder Analyse[30]: *Deskriptive* Epidemiologie beobachtet und beschreibt das Krankheitsgeschehen in definierten Populationen[31]. Gesucht werden Fallzahlen, die von dem als kritische Grenze zugrundegelegten Erwartungswert abweichen und damit erste Hinweise auf ursächliche Faktoren geben können. Betrachtungsgrundlage sind verfügbare, oft routinemäßig erhobene Daten, wie etwa die Sterblichkeitsdaten aus Todesbescheinigungen oder Patientendaten aus Reihenuntersuchungen, Krankenhausdokumentationen oder Krankheitsregistern. *Analytische* Epidemiologie formuliert und überprüft Risikofaktor-Hypothesen auf der Basis von Hinweisen, die aus der deskriptiven Epidemiologie stammen können. Im Rahmen bestimmter Studien wird untersucht, ob und wie stark der jeweils verdächtige Faktor bei der Krankheitsentstehung beteiligt ist, ob von einer Risiko-Wirkung-Beziehung ausgegangen werden kann und ob diese

---

[26] Kriterien und Probleme epidemiologischer Messungen bei der Durchführung von Studien zur Gesundheitsversorgung beschreiben Reid/Holland, Messungen bei Studien zur Gesundheitsversorgung, in: Holland u.a. (Hrsg.), Epidemiologie im Gesundheitswesen, S. 10 ff.
[27] Frentzel-Beyme, Epidemiologie, S. 6
[28] Frentzel-Beyme, Epidemiologie, S. 7
[29] Pflanz, Epidemiologie, S. 2
[30] Pflanz, Epidemiologie, S. 9 ff.
[31] Abel, Epidemiologie des Krebses, S. 11; Frentzel-Beyme, Epidemiologie, S. 5 ff.

quantifizierbar ist. Die für einen Ursachennachweis erforderlichen Daten müssen zur Untersuchung jeder einzelnen Hypothese gesondert erhoben werden, um sicherzustellen, daß sie zur Beantwortung der jeweiligen Fragestellung geeignet sind, analytische Epidemiologie ist daher sehr aufwendig[32].

2. Häufigkeitsziffern

Zur Ermittlung der tatsächlichen wie auch der erwarteten Fallzahlen im Rahmen der Deskription muß die Zahl der Erkrankten bzw. die Häufigkeit eines Merkmals in einem definierten Raum (Zähler) bekannt sein, ebenso die Zahl der Personen, auf die sich die Häufigkeit bezieht (Nenner) sowie der Zeitpunkt oder -raum der Untersuchung und die Krankheitsdauer[33].

Die Beziehungen zwischen Krankheit und Zeitfaktor geben Epidemiologen mit Inzidenz und Prävalenz an. *Inzidenz* ist die Häufigkeit von Neuerkrankungen innerhalb eines bestimmten Zeitraums im Verhältnis zur Gesamtzahl der in diesem Zeitraum betrachteten Personen[34]. Die Inzidenz ist die grundlegende Meßgröße in der Epidemiologie: Die beobachtete Rate wird mit dem erwarteten Wert, dh. der Zahl der Neuerkrankungen, die auftreten, wenn ein bestimmter Risikofaktor nicht gegeben ist, verglichen. Erhöhte Inzidenzen gelten als Indikator für Risikofaktoren[35]. Zur exakten Berechnung der Inzidenz müssen alle in der definierten Population während der gewählten Zeiteinheit aufgetretenen Fälle erfaßt werden. Von Bedeutung für die Zuverlässigkeit der Angaben ist die Bestimmung der Risikobevölkerung. Die Definition dieser Gruppe muß unbedingt vor Beginn der Betrachtung erfolgen, denn bei nachträglicher Definition ließen sich beliebige Auffälligkeiten finden. Auch sollte die Bevölkerungszahl in den betrachteten Gebieten nicht unter 10.000 Personen (5.000 pro Geschlecht) liegen, da die Erkrankungsraten bei geringer Bevölkerung erheblich schwanken und die Wahrscheinlichkeit, regionale Über- oder Unterhäufigkeiten zu finden,

---

[32] Frentzel-Beyme, Epidemiologie, S. 5 ff.
[33] Frentzel-Beyme, Aufgaben der Datenverarbeitung in der Epidemiologie, mt 94 (1974), S. 106 (107); Pflanz, Epidemiologie, S. 53
[34] Pflanz, Epidemiologie, S. 53
[35] Frentzel-Beyme, Epidemiologie, S. 37 ff.; ausführlich zur Inzidenzmessung Menotti, Inzidenzstudien, in: Holland u.a. (Hrsg.), Epidemiologie im Gesundheitswesen, S. 180 ff.

relativ groß ist[36]. Hinsichtlich der zu erfassenden Personen ist zum einen sicherzustellen, daß es sich tatsächlich um Fälle der fraglichen Krankheit, zum anderen, daß es sich um Neuerkrankungen handelt[37]. Die *Prävalenz* gibt den Bestand an Erkrankten zu einem bestimmten Zeitpunkt (point prevalence) oder in einer bestimmten Zeitperiode (period prevalence) an[38]. Als statisches Maß ist diese Rate insofern schwierig zu handhaben, als sie das Resultat eines dynamischen Vorgangs ist; dem Zufluß in einen Pool von Kranken und Abfluß aus demselben aufgrund von Heilung, Tod, Wegzug oder der Korrektur von Fehldiagnosen[39]. Die Berechnung der Prävalenz erfordert die Kenntnis der jeweiligen Krankheitsverläufe einschließlich der Todesfälle. Der Quotient von Prävalenz und Inzidenz gibt Auskunft über die Dauer der Krankheit[40]

3. Studienformen

Epidemiologische Studien, Werkzeuge der Analyse, werden nach ihrer Blickrichtung unterschieden in prospektive und retrospektive Ansätze[41]:

a. Retrospektive Studien

Ausgangspunkt *retrospektiver* Studien ist eine bereits eingetretene Erkrankung, anhand eines Rückblicks auf vorangegangene Ereignisse sollen Kausalfaktoren ermittelt werden[42]. Haupttypus der retrospektiven Studien ist die Fall-Kontroll-Studie. Der Krankheitsverlaufs bei den Erkrankten (Fälle) wird zur Ermittlung von Risikofaktoren möglichst genau rekonstruiert. Die

---

[36] Baumgardt-Elms, Hamburgische Erfahrungen mit der kleinräumigen Analyse von Krebsregisterdaten zur Leukämie bei Kindern, in: v. Manikowsky u.a. (Hrsg.), Methoden regionalisierter Beschreibung und Analyse von Krebsregisterdaten, S. 12 (14)
[37] Pflanz, Epidemiologie, S. 54
[38] Pflanz: Epidemiologie, S. 55; Frentzel-Beyme: Epidemiologie, S. 37 f.; Memorandum BÄK, S. 16
[39] Pflanz: Epidemiologie, S. 55
[40] dazu Pflanz, Epidemiologie, S. 57 mwN.
[41] Frentzel-Beyme, Aufgaben, mt 94 (1974), S. 107; Pflanz: Epidemiologie, S. 111 ff.
[42] Frentzel-Beyme, Epidemiologie, S. 50 ff., ausführlich S. 111 ff.; Pflanz,Epidemiologie, S. 112

Häufigkeit dieser verdächtigen Faktoren wird mit der Häufigkeit ihres Auftretens in einer Kontrollgruppe nicht erkrankter Personen verglichen. Je häufiger sich der fragliche Faktor in der Fallgruppe im Vergleich zur Kontrollgruppe nachweisen läßt, desto größer ist die Wahrscheinlichkeit einer kausalen Beziehung. Bei seltenen Krankheitsformen, d.h. bei einer niedrigen Prävalenz, gilt die Fall-Kontroll-Studie als einzige Möglichkeit, eine hinreichend große Untersuchungsgruppe zusammenzustellen. Das Auftreten von Erkrankungen muß nicht abgewartet, sondern kann nachvollzogen werden, insofern ist der Aufwand retrospektiver Studien im Vergleich zur prospektiven Betrachtung eher gering. Schwierigkeiten sind dagegen mit der Auswahl und Behandlung der Kontrollgruppe verbunden; Fälle und Kontrollen müssen im Hinblick auf Struktur und Repräsentativität vergleichbar sein, auch müssen beide Gruppen in gleicher Weise untersucht und befragt werden[43]. Der wesentliche Nachteil retrospektiver Studien ist ihre hohe Fehlerwahrscheinlichkeit[44]: Bei den Informationen, auf die die Epidemiologen zunächst angewiesen sind, handelt es sich regelmäßig um Sekundärdaten, d.h. um Dokumentationen, die zu einem anderen Zweck als zur Durchführung der konkreten epidemiologischen Untersuchung erhoben worden sind und daher deren Anforderungen an Trennschärfe, Standardisierung und Vollständigkeit nicht immer entsprechen[45]. Doch auch bei Befragung der Probanden selbst besteht die Gefahr von Verzerrungen, da sich Erkrankte besser an bestimmte medizinisch relevante Ereignisse erinnern als gesunde Vergleichspersonen, die hierzu bislang keine Veranlassung hatten.

b. Prospektive Studien

Ausgangspunkt prospektiver Studien (Kohorten-, Längsschnitt- oder Follow-up-Studien) ist die Exposition einer Bevölkerungsgruppe gegenüber einem als Risiko vermuteten Faktor[46]. Zu Beginn der Studie werden zwei Kohorten definiert, davon eine Bevölkerungsgruppe, die einem vermuteten Risikofaktor ausgesetzt ist (Risikobevölkerung) und eine Kontrollgruppe

---

[43] Frentzel-Beyme, Epidemiologie, S. 50; Pflanz, Epidemiologie, S. 114 ff.
[44] Frentzel-Beyme, Epidemiologie, S. 51 f.
[45] Pflanz, Epidemiologie, S. 49
[46] dazu ausführlich Frentzel-Beyme, Epidemiologie, S. 93 ff.

nicht exponierter Personen[47]. Im Laufe der Studie werden in der Risikogruppe auftretende Erkrankungen erfaßt, mit der Häufigkeit dieser Erscheinungen in der Kontrollgruppe verglichen und auf einen spezifischen Zusammenhang mit dem vermuteten Kausalfaktor untersucht. Um eine Selektion zu verhindern, muß sichergestellt werden, daß während der Studiendauer die gesamte Risikobevölkerung in die Kohorte eingeht und nicht nur eine Untergruppe, die sich leicht zusammenstellen ließ oder die letzten Überlebenden[48]. Da Kohortenstudien sich über zehn und mehr Jahre hinziehen können, lassen sich zuverlässige Ergebnisse nur in stabilen Bevölkerungsgruppen erreichen[49]. Teilweise werden Hypothesen und Methoden während der Studien als überholt erkannt, lassen sich Neuerungen nicht mehr einarbeiten, die Auswertung von Prospektivstudien gilt insgesamt als schwierig[50]. Innerhalb dieser Grenzen zeichnen sich Kohortenstudien durch die große Systematik und Sicherheit der erlangten Informationen aus[51]: Der gesamte Verlauf einer Erkrankung kann verfolgt, das Einwirken aller Faktoren im zeitlichen Zusammenhang mit der Krankheitsentstehung sowie das Auftreten von Symptomen können zeitlich genauer als bei retrospektiven Studien eingeordnet werden. Auch lassen sich Erinnerungsfehler der Probanden vermeiden oder durch sofortige Überprüfung korrigieren.

Das „quasi-experimentelle" Element der Epidemiologie wird besonders deutlich bei den Interventionsstudien; vor Beobachtungsbeginn wird hier durch Veränderung oder Abstellen eines verdächtigen Faktors in das Geschehen eingegriffen, in der Erwartung, daß die vermutete Folge der Exposition ausbleibt: „Therapeutische Versorgung bedeutet Eingriffe des Menschen, die den natürlichen Verlauf von Krankheiten in positiver Weise verändern. [...] Die Epidemiologie ist erforderlich, um festzustellen, ob dies tatsächlich geschieht."[52]

---

[47] Pflanz, Epidemiologie, S. 111
[48] Pflanz, Epidemiologie, S. 121
[49] Frentzel-Beyme, Epidemiologie, S. 53
[50] Pflanz, Epidemiologie, S. 122
[51] Pflanz, Epidemiologie, S. 119 f.
[52] Karhausen, Einleitung, in: Holland u.a. (Hrsg.), Epidemiologie im Gesundheitswesen, S. 4; Brzezinski, Folgen der Messungen, aaO. S. 36 ff.

4. Stufen epidemiologischer Argumentation

Epidemiologie begegnet oft dem Einwand, daß mit Hilfe quantitativer Methoden eine Ursache-Wirkung-Beziehung kaum nachweisbar sei[53]. Zur Beurteilung epidemiologischer Aussagen hat sich daher eine bestimmte Abstufung entwickelt. Verwendet werden Daten mit unterschiedlichem Bezug[54]: *Individualdaten* werden beim Individuum erhoben und beziehen sich auf den Betroffenen, Beispiel: A lebt in einer bestimmten Großstadt und ist an XY erkrankt. *Aggregatdaten* kommen durch Zählung von Individuen zustande, beziehen sich jedoch auf größere Einheiten, Beispiel: Anteil der mindestens 60jährigen in der Bevölkerung einer bestimmten Großstadt. *Globaldaten* beziehen sich auf größere räumliche oder zeitliche Einheiten, Beispiel: Flächennutzung einer Großstadt.

Die Stufen der Argumentation und ihre Bedeutung:
(1) Deskription anhand von Global- und Aggregatdaten weist auf eine räumliche oder zeitliche Beziehung von möglichen Risikofaktoren und Erkrankungen hin. Auf dieser Stufe besteht die Gefahr eines Trugschlusses, da die gleichzeitige Häufung zweier Phänomene andere Gründe als eine ursächliche Beziehung haben kann[55].
(2) Formulierung konkreter Risikofaktor-Hypothese und Untersuchung einer Korrelation anhand von Individualdaten im Rahmen retrospektiver Studien. Da bei retrospektiven Studien stets die Gefahr besteht, daß sich die erkrankten Probanden in weit höherem Maße an mögliche Expositionen erinnern als die nicht erkrankten, verliert die Rekonstruktion in gewissem Maß an Objektivität und damit an Aussagekraft[56].
(3) Überprüfung der Ergebnisse im Rahmen von Kohortenstudien. Da diese Studienform nicht vom Erinnerungsvermögen der Probanden abhängig ist, läßt sich damit ein echter Zusammenhang zwischen zwei Phänomenen nachweisen, nicht jedoch die Art des Zusammenhanges[57].
(4) Suche nach einer Dosis-Wirkung-Beziehung zwischen Risikofaktor und Häufigkeit der Erkrankungen. Ein gradieller Anstieg von Dosis und Wirkung weist stark auf einen ursächlichen Zusammenhang hin[58].

---

[53] zu dieser Kritik Frentzel-Beyme, Epidemiologie, S. 57
[54] Pflanz, Epidemiologie, S. 14 f
[55] Frentzel-Beyme, Epidemiologie, S. 57 f.
[56] Frentzel-Beyme, Epidemiologie, S. 58
[57] Frentzel-Beyme, Epidemiologie, S. 58
[58] Frentzel-Beyme, Epidemiologie, S. 59

(5) Durchführung einer Interventionsstudie; verringert die Beseitigung des vermuteten Risikofaktors die Krankheitshäufigkeit, so ist eine Kausalität wahrscheinlich[59].

---

[59] Frentzel-Beyme, Epidemiologie, S. 59

Kapitel 3

Bevölkerungsbezogene Krebsregister als Datenquellen epidemiologischer Krebsforschung

Krebsregister sind Einrichtungen, die Informationen über Leiden und Person prinzipiell aller Patienten sammeln und verarbeiten, die in einem regional oder sonst definierten Bereich an Krebs erkrankt sind[60]. Anders als statistische Erhebungen bieten Krebsregister die Möglichkeit der Identifizierung der Betroffenen und der Beobachtung ihres Krankheitsverlaufs. Der Umfang einer solchen Sammlung reicht von den Behandlungsfällen eines oder mehrerer verbundener Krankenhäuser bis hin zur Erfassung einer räumlich definierten Population.

I. Arten

Nach Zweck und Erhebungsbevölkerung dieser Datensammlungen unterscheidet man bevölkerungsbezogene und klinische Krebsregister.

Klinische Krebsregister dokumentieren die Krankheitsverläufe aller Patienten, die in einem Krankenhaus behandelt werden. Diese Dokumentationen werden für unterschiedliche Zwecke eingesetzt, sie dienen, allein oder nebeneinander, (1) der Führung von Krankenakten, (2) der zentralen Koordination der Nachsorge und der Kontrolle von Terminen, meist in Zusammenarbeit mit niedergelassenen Ärzten[61], und (3) der klinischen Erforschung der Erkrankung und ihren Behandlungsmöglichkeiten, insbesondere der Effektivität von Therapie-Schemata und der Beherrschbarkeit von Nebenwirkungen[62].

---

[60] Anders die pathologischen Tumorkataster, die bioptisches Material sammeln, um Erkenntnisse über bestimmte Tumorformen zu gewinnen und die auch als Diagnosehilfen dienen können, dazu Wagner, Krebsregister - notwendig, wenn auch nicht unproblematisch, klinikarzt 13 (1984), 753 (754); Memorandum BÄK, S. 14

[61] Memorandum BÄK, S. 14

[62] Thiele, Mehr Information tut Not - Krebsregister als Instrumente der Epidemiologie in der Diskussion, in: Gesundheitsbehörde FHH (Hrsg.), Beiträge zur Krebsepidemiologie aus dem Hamburgischen Krebsregister, Auswertungsschwerpunkte

Bevölkerungsbezogene Krebsregister gehören zu den Instrumenten deskriptiver Epidemiologie[63], die Begriffe „bevölkerungsbezogene" und „epidemiologische" Krebsregister werden daher synonym benutzt. Bevölkerungsbezogene Register dokumentieren Diagnose und Therapie derjenigen Patienten, die einer definierten Bevölkerung leben, um das Krebsgeschehen in der Region zu beschreiben. Anhand dieser Informationen lassen sich die grundlegenden Raten der Epidemiologie - Inzidenz, Prävalenz und Mortalität - errechnen.

II. Möglichkeiten und Grenzen bevölkerungsbezogener Krebsregister

Bevölkerungsbezogene Krebsregister beschreiben das Krebsgeschehen in einer räumlich definierten Population, indem sie bestimmte Informationen über die in dieser Gruppe auftretenden Krebsfälle sammeln. Anhand der Beschreibungsdaten läßt sich die Krebsinzidenz, aufgefächert zumindest nach Krebsform, Alter und Geschlecht des Patienten, errechnen[64]. Tritt eine Krebsart in einem Gebiet gegenüber dem statistischen Mittel häufiger auf (Cluster), so kann diese Häufigkeit auf einen Risikofaktor hinweisen, der gerade in dem fraglichen Gebiet zu suchen ist[65], etwa eine emittierende Anlage oder besondere natürliche Gegebenheiten, wie eine erhöhte radioaktive Strahlung im Gebirge. Da bevölkerungsbezogene Krebsregister das Krankheitsgeschehen nicht nur stichprobenartig, sondern kontinuierlich messen, können Veränderungen der Inzidenzen festgestellt werden. Einen Anstieg der Inzidenzen bewerten Epidemiologen als direkten Hinweis auf neu aufgetretene Risikofaktoren, eine Verringerung der Inzidenz kann für den Erfolg präventiver Maßnahmen sprechen, vermutete Risikofaktoren damit eher indirekt bestätigen. Bevölkerungsbezogenen Krebsregistern wird regelmäßig eine Signal- und Alarmfunktion (Monitoring) beigemessen[66], d.h., sie sollen auf kleinräumige Veränderungen der Inzidenz aktiv hinweisen, damit regional wirkende Risikofaktoren schnell ermittelt werden können. Daß bevölkerungsbezogene Krebsregister diese aktive Hin-

---

1987-89, S. 25 (27)
[63] Thiele, aaO., S. 29
[64] Krebs in Deutschland, Arbeitsgemeinschaft Bevölkerungsbezogener Krebsregister (Hrsg.), S. 4
[65] Neumann, Bevölkerungsbezogene Krebsregister, Med. Klin. 82 (1987), S. 247 (253)
[66] Memorandum BÄK, S. 16

weisfunktion effektiv wahrnehmen können, wird in letzter Zeit bezweifelt; bei mehr als 15.700 Gemeinden und über 400 Kreisen komme die Suche nach Clustern „einer ABM-Maßnahme für Epidemiologen nahe"[67], eine so durchgeführte Suche nach Umweltschadstoffen sei nicht mehr als „Hypothesenfischen"[68]. An Bedeutung gewinnt die entgegengesetzte Blickrichtung: die Überprüfung existenter Risikofaktorhypothesen mit Hilfe der Krebsregisterdaten. Läßt sich „die Krebslandschaft konsistent interpretieren aus dem Wissen aus analytischen Studien, dann ist dies ein weiterer Baustein zur Absicherung dieses Wissens; andererseits weisen Inkonsistenzen auf Wissenslücken und weiteren Forschungsbedarf hin"[69]. In diesem Sinne ist auch das Konzept einer „Task-force-Epidemiologie" zu verstehen, bei dem bevölkerungsbezogene Krebsregister innerhalb kurzer Zeit von Medizinern oder betroffenen Bürgern vermutete Cluster daraufhin untersuchen, ob die einzelnen Fälle Gemeinsamkeiten aufweisen, die auf einen bestimmten Risikofaktor deuten können[70].

Epidemiologische Krebsregister können mit der Deskription einen wichtigen Beitrag zur Formulierung und Prüfung von Risikofaktor-Hypothesen leisten. Zur analytischen Epidemiologie, die den eigentlichen Nachweis von Krebsursachen führt, können die registrierten Krankheitsdaten indes nur wenig beitragen: Zur Durchführung von Studien bedarf es entsprechend der jeweiligen Fragestellung sehr spezieller und detaillierter Patientendaten, die epidemiologische Krebsregister nicht liefern können; der Aufwand einer umfassenden Erhebung aller irgendwie medizinisch relevanten Informationen durch Krebsregister ist kaum darstellbar, der Katalog der zu erhebenden Daten müßte ständig dem neuesten Stand angepaßt werden, die vorher erhobenen Datensätze wären unvollständig und damit nur noch begrenzt aussagekräftig. Für die Analyse müssen Epidemiologen daher auf andere Quellen zurückgreifen. In der Regel ist eine Befragung der registrierten Patienten selbst und von Personen aus ihrem Umfeld erforderlich. Die Register ermöglichen bei entsprechender rechtlicher Grundlage diesen

---

[67] Hölzel, Variationen von Inzidenz und Mortalität auf Stadtgebiets- und Gemeindeebene, in: v. Manikowsky u.a. (Hrsg.), Methoden regionalisierter Beschreibung und Analyse von Krebsregisterdaten, S. 95
[68] Becker, Fortschreibung des Krebsatlas der Bundesrepublik Deutschland, in: v. Manikowsky u.a. (Hrsg.), Methoden (Fn. 58), S. 90 (92)
[69] Becker, aaO. S. 93
[70] Hoffmann, Epidemiologische Analyse regionaler Häufungen von Krebserkrankungen: Möglichkeiten und Grenzen von Cluster-Untersuchungen, in: v. Manikowsky u.a. (Hrsg.), Methoden (Fn. 58), S. 54 (63)

Rückgriff, indem sie die Verbindung der Forscher zu den einzelnen Patienten herstellen. Für das Auffinden nicht erkrankter oder nicht exponierter Probanden können sich Epidemiologen dagegen gar nicht der Register bedienen[71], dabei ist die Zusammenstellung geeigneter Kontrollgruppen bei der Durchführung epidemiologischer Studien ebenso wichtig wie die Ermittlung erkrankter Personen. Bevölkerungsbezogene Krebsregister können zur Auffindung und Überprüfung von Risikofaktoren beitragen, der Nachweis findet außerhalb dieser Register statt, oft mit Hilfe klinischer Datensammlungen.

III. Anforderungen der Epidemiologie an bevölkerungsbezogene Krebsregister

Frentzel-Beyme, ein führender Vertreter der Epidemiologie, beschreibt das für diese Forschungsrichtung ideale Krebsregister als „eine lückenlose Erhebung von solchen Befunden jedes Individuums aus der Bevölkerung, die für die Identifikation eines krankmachenden Faktors von Bedeutung sein könnten, wie z. B. von Frühsymptomen und relevanten Manifestationen, und vor allem die Erfassung von anderen, indirekten Lebenseinflüssen aus jedem Lebensabschnitt"[72]. Vollzähligkeit und Fallbezug - mit diesen Schlagworten lassen sich die wesentlichen Anforderungen zusammenfassen[73]. Hintergründe dieser Forderungen und Voraussetzungen ihrer Umsetzung werden im folgenden untersucht.

A. Vollzähligkeit

Deskriptive Krebsepidemiologie bedarf zur exakten Abbildung des Krankheitsgeschehens in der betrachteten Bevölkerung im Prinzip der Erfassung ausnahmslos aller dort aufgetretenen Krebsfälle. Tatsächlich handelt es sich bei der vollzähligen Registrierung um eine Fiktion: Die exakte Deskription scheitert zunächst an der Tatsache, daß es sich bei den erfaßbaren Personen

---

[71] Frentzel-Beyme, Epidemiologie, S. 134.
[72] Frentzel-Beyme, Aufgaben, mt 94 (1974), S. 107
[73] Memorandum BÄK S. 17; Schrage, Zur Frage des Datenschutzes bei Krebsregistern, RDV 90, S. 116 (117); Wagner, Krebsregister - notwendig, wenn auch nicht unproblematisch, klinikarzt 13 (1984), S. 754; Jahn, Krebsregister, in: Wagner (Hrsg.), Krebs - Dokumentation und Statistik maligner Tumoren, S. 75 (76)

lediglich um solche handelt, bei denen eine Krebserkrankung zu Lebzeiten oder post mortem erkannt worden ist. Da eine Leichenöffnung nur bei Verdacht einer Straftat angeordnet werden darf[74], im übrigen nur mit Einwilligung der Angehörigen stattfindet, stellen Sektionen etwa bei Verkehrsunfallopfern oder bei Todesfällen von Personen hohen Alters eine Ausnahme dar. Wie hoch der Anteil nicht erkannter Krebsfälle in der Bevölkerung ist und ob bestimmte Krebsarten häufiger unerkannt bleiben als andere, läßt sich wohl nur erraten. Ableiten lassen sich aus der Unmöglichkeit, die Realität originalgetreu wiederzugeben, zwei ganz gegensätzliche Positionen, einerseits: Wenn die Registrierung ohnehin mit dieser nicht berechenbaren Ungenauigkeit behaftet ist, besteht auch keine Notwendigkeit, alle erkannten Fälle zu dokumentieren, andererseits: Wenn der Epidemiologie die beschriebenen Fälle zwangsläufig verloren gehen, müssen die erkannten Fälle so vollzählig wie möglich erfaßt werden, damit nicht noch weitere Hinweise auf mögliche Krebsursachen unbeachtet bleiben - m. E. der überzeugendere Schluß[75].

Doch auch die vollzählige Erfassung der Krebspatienten als Teilmenge der Krebskranken ist fraglich, die unbekannten Größen sind hier zum einen das Verhalten des Arztes, zum anderen das des Patienten. Verpflichtet man den Arzt zu einer Meldung, so ist die Erfassung vollständig - jedenfalls theoretisch, denn eine Kontrolle durch Einsicht in die Behandlungsunterlagen würde in einer Weise in das Persönlichkeitsrecht der Patienten eingreifen, die nicht in einem angemessenen Verhältnis zum Zweck einer solchen Maßnahme stünde. Ist der Arzt dagegen zur Meldung berechtigt, kommt es insbesondere auf seine persönliche Einstellung gegenüber der Krebsregistrierung an[76], den erforderlichen Arbeitsaufwand, Zahlung und Höhe eines Honorars sowie darauf, ob der Arzt gegebenenfalls auch gegen oder ohne den Willen des Patienten zur Meldung bereit ist. Ist der Patient zur Duldung der Meldung verpflichtet, entfällt er insoweit als „Unsicherheitsfaktor", der die Meldequote weiter zu reduzieren droht[77]. Negativ könnte sich der Verzicht auf eine Einwilligung des Patienten bei der späteren Analyse

---

[74] § 87 StPO
[75] so auch Memorandum BÄK, S. 17
[76] Neumann, Bevölkerungsbezogene Krebsregister, Med. Klin. 86 (1987), S. 247 (253)
[77] Wagner, Krebsregister - notwendig, wenn auch nicht unproblematisch, klinikarzt 13 (1984), 753 (761); Schrage, Zur Frage des Datenschutzes bei Krebsregistern, RDV 90, S. 116 (117)

der erfaßten Daten auswirken, die regelmäßig der Mitwirkung des - zunächst übergangenen - Betroffenen bedarf.

B. Fallbezug

Die zweite Forderung der Epidemiologen ist die nach der Möglichkeit, den Bezug von den registrierten Daten zum Betroffenen herstellen zu können. Dieser Fallbezug ist zum einen für die Deskription von Bedeutung, da er die Korrektur von Fehlern und Ungenauigkeiten bei der Meldung erlaubt, ebenso die Differenzierung, ob es sich um eine Neumeldung handelt oder ob der Betroffene dem Register bereits gemeldet worden ist, sowie gegebenenfalls die Ergänzung eines vorhandenen Datensatzes[78]. Der Fallbezug ist zum anderen von Bedeutung für die Analyse, die regelmäßig die gezielte Erhebung weiterer Informationen beim Betroffenen und in dessen Umfeld erfordert.

IV. Beispiele für epidemiologische Studien, die mit Daten bevölkerungsbezogener Krebsregister realisiert worden sind

In der Arbeitswelt können anhand epidemiologischer Auswertungen von Krebsregisterdaten Risikogruppen identifiziert werden, deren Expositionen weiter abzuklären sind. Zu einem abschließenden Urteil über tätigkeitsbezogene Krebsrisiken sind Angaben erforderlich, die nicht in den Krebsregistern enthalten sind. So werden die häusliche Umwelt, das Verhalten des Betroffenen und seine genetische Ausstattung nicht erfaßt, auch kann innerhalb einer Berufsgruppe das Krebsrisiko erheblich schwanken, da die Exposition gegenüber carcinogenen Stoffen nicht immer mit der Berufsangabe korreliert. Schließlich treten gerade an gesundheitsgefährdenden Arbeitsplätzen Selektionen auf, etwa durch arbeitsmedizinische Untersuchungen und Maßnahmen[79]. Einige Beispiele für Untersuchungsgegenstände, Methodik und Aussage epidemiologischer Studien auf der Basis bevölkerungsbezogener Krebsregister:
(1) Untersucht wurde das Vorliegen berufsspezifischer Krebsraten, resul-

---

[78] Giessen, Epidemiologische Krebsforschung - Im Interesse der Krankenversicherung, Ersatzkasse 10/93, 438 (439); Memorandum BÄK, S. 17
[79] Funke u.a., Berufsbezogene Krebsraten bei Frauen, Öff. Gesundh.-Wes. 48 (1986), 584 (585)

tierend aus beruflichen und außerberuflichen, insbesondere sozialen Faktoren, die bereits aus Studien in Großbritannien bekannt waren[80]. Für die Untersuchung wurden Daten 45- bis 74jähriger männlicher deutscher Erwerbstätiger ausgewertet, erfaßt in den Jahren 1969 bis 1978 im Hamburgischen Krebsregister. Von 16.100 Fällen wiesen 12.061 eine brauchbare Berufsangabe auf. Von den 51 Berufskategorien waren 10 zu schwach besetzt, es blieben 41 Berufskategorien, jeweils mit mindestens 800 Personen besetzt. Die Auswertung der Inzidenzen ergab in Übereinstimmung mit den englischen Studien, daß die Krebshäufigkeit stark mit der sozialen Lage variierte; Arbeiter, gewerbliche Berufe und Verkehrsberufe wiesen höhere Krebsraten auf als Angestellte, Beamte und Selbständige.

(2) Die Häufigkeit von Tumoren bei Beschäftigten in Holzberufen war Gegenstand einer Auswertung von Daten der Krebsregister in Hamburg und im Saarland[81]. 811 Krebsfälle bei 45- bis 75jährigen Holzarbeitern waren den Registern im Zeitraum von 1969-78 bzw. 1967-81 gemeldet worden. Bestätigt wurde das bereits aus England und Frankreich bekannte Auftreten von Adeno-Carcinomen der Nasenhaupt- und Nebenhöhlen, darüberhinaus wurde in der Studie erstmals ein leicht erhöhtes Risiko von Tumoren der Bronchien, des oberen Verdauungstraktes und des blutbildenden Systems nachgewiesen, hier bedarf es weiterer Untersuchungen.

(3) Krebsraten berufstätiger Frauen im Vergleich zu nicht berufstätigen Frauen einerseits, berufstätigen Männern andererseits wurden anhand von Daten des Hamburgischen Krebsregisters untersucht[82]. Das Lungenkrebsrisiko berufstätiger Frauen war im Vergleich zu den nicht berufstätigen Frauen relativ erhöht. Die erhöhten Raten konzentrierten sich auf wenige Berufe, insbesondere Hilfsarbeiterinnen, Kellnerinnen, Schneiderinnen, Kürschnerinnen und Friseurinnen waren betroffen. Dabei entsprach das Lungenkrebsrisiko der weiblichen Berufsangehörigen dem ihrer männlichen Kollegen.

---

[80] Fehr u.a., Zur berufsspezifischen Verteilung von Krebsraten, Lebensversicherungsmedizin 2/1984, S. 28 ff.

[81] Bolm-Audorff u.a., Tumorhäufigkeit bei Beschäftigten in Holzberufen: Ergebnisse einer Auswertung zweier Krebsregister, in: Bericht über die 25. Jahrestagung der Deutschen Gesellschaft für Arbeitsmedizin e. V., Dortmund, 22. bis 25.5.1985, S. 553 ff.

[82] Funke u.a., Berufsbezogene Krebsraten bei Frauen, Öff. Gesundh.-Wes. 48 (1986), S. 584 ff.

Ein Beispiel für Task-force-Epidemiologie:
Im Februar 1995 berichtete das Fernsehmagazin PANORAMA, der Bremer Epidemiologe Greiser habe in den Vier- und Marschlanden und in der Siedlung Neu-Allermöhe (Bergedorf) eine alarmierende Häufung an Leukämiefällen bei Kindern festgestellt. Das Hamburgische Krebsregister nahm daraufhin eine eigene Auswertung vor. Die behauptete Häufung in den Vier- und Marschlanden konnte dabei nicht bestätigt werden. In Neu-Allermöhe dagegen erwies sich die Inzidenz als deutlich erhöht. Das Register überprüfte sodann, wie lange die erkrankten Kinder vor Ausbruch der Krankeit an diesem Wohnort gemeldet waren. Es wurde festgestellt, daß zwei der vier Kinder erst kurz vor Diagnosestellung nach Neu-Allermöhe gezogen waren. Im Auftrag der zuständigen Behörde wurde am Deutschen Kinderkrebsregister (Mainz) eine Einzelfallanalyse durchgeführt, bei der die derzeit diskutierten Risikofaktoren, dazu gehören ua. Expositionen der Eltern am Arbeitsplatz, das Alter der Mütter bei der Geburt, Expositionen während der Schwangerschaft, Fehlgeburten, Erstgeboreneneigenschaft der Kinder, Zahl der Impfungen, Expositionen gegenüber Pflanzenschutzmitteln, Nähe der Wohnung zu Straßen, Gewässern oder Hochspannungsleitungen, betrachtet wurden. Hinweise auf einen einzelnen oder dominanten ursächlichen Faktor in der Region wurden nicht erlangt. Bestätigt wurde ein genereller Klärungsbedarf hinsichtlich der Frage, ob niederfrequente elektromagnetische Felder die Entstehung von Kinderleukämie fördern[83].

---

[83] Mitteilung der Staatlichen Pressestelle vom 22.7.1996; Baumgardt-Elms, Hamburgische Erfahrungen mit der kleinräumigen Analyse von Krebsregisterdaten zur Leukäme bei Kindern, in: v. Manikowsky u.a. (Hrsg.), Methoden regionalisierter Beschreibung und Analyse von Krebsregisterdaten

Kapitel 4

Bevölkerungsbezogene Krebsregistrierung und Persönlichkeitsrecht der Patienten

Bevölkerungsbezogene Krebsregistrierung bewegt sich im Spannungsfeld zwischen dem Interesse der Epidemiologen an Zugang zu bestimmten Informationen, dem Bedürfnis der Allgemeinheit nach effektiver Krebsbekämpfung und dem Recht des Einzelnen, grundsätzlich selbst über die Preisgabe und Verwendung seiner Daten zu bestimmen.

I. Wissenschaftsfreiheit

Können Epidemiologen aus dem Grundrecht der Wissenschaftsfreiheit (Art. 5 Abs. 3 S. 1 GG) einen Anspruch auf Zugang zu personenbezogenen Daten in bevölkerungsbezogenen Krebsregistern ableiten, können sie sogar die Einrichtung flächendeckender bevölkerungsbezogener Krebsregister verlangen, damit die geforderten Informationen überhaupt systematisch erhoben werden?

Wissenschaft ist "alles, was nach Inhalt und Form als ernsthafter Versuch zur Ermittlung der Wahrheit anzusehen ist"[84]. Die Wissenschaftsfreiheit schützt jeden, der wissenschaftlich tätig ist oder werden will, vor staatlichen Eingriffen[85]. Die Bedeutung dieses Grundrechts ist nicht auf die Abwehr beschränkt[86]; der Staat steht "für die Idee einer freien Wissenschaft

---

[84] BVerfGE 35, 79 (113) - Niedersächsisches Vorschaltgesetz
[85] BVerfGE 35, 79 (112)
[86] Bull/Dammann, Wissenschaftliche Forschung und Datenschutz, DÖV 82, 213 (215) stellen fest, daß es bei der Frage nach einem Datenzugangsanspruch nicht um einen Eingriff in das schrankenlos gewährleistete Grundrecht geht, sondern um die Gewährung staatlicher Leistungen, die zur Grundrechtsausübung beitragen sollen, ebenso Wollenteit, Informationsrechte des Forschers im Spannungsfeld von Transparenzforderungen und Datenschutz, S. 57 f., der sich leidenschaftlich gegen die Auffassung von Berg, Datenschutz und Forschungsfreiheit, JöR 33 (1984), 63 (90), wendet, die Ablehnung von Akteneinsicht komme teilweise einem Forschungsverbot gleich, bei der Frage nach Informationszugang gehe es daher eben nicht um die

und seine Mitwirkung an ihrer Verwirklichung ein", er ist verpflichtet, "schützend und fördernd einer Aushöhlung dieser Freiheitsgarantie vorzubeugen". Der Staat ist gegenüber dem einzelnen Grundrechtsträger verpflichtet, geeignete organisatorische Maßnahmen zum Schutz der freien wissenschaftlichen Betätigung zu treffen[87], die Geltungskraft des Grundrechts ist insofern „in Richtung auf Teilhabeberechtigung" erweitert[88].

Anders als dieser Wortlaut möglicherweise vermuten läßt, ergibt sich aus Art. 5 Abs. 3 S. 1 GG kein Anspruch auf Informationszugang. Wie das Gericht in einer späteren Entscheidung feststellt, können Wissenschaftler nur verlangen, daß über ihren Antrag auf Akteneinsicht „sachgerecht, also frei von Willkür und unter angemessener Berücksichtigung des Zwecks des Anliegens entschieden wird"[89]. Das Grundrecht der Wissenschaftsfreiheit verpflichtet den Staat, seine effektive Ausübung zu ermöglichen. Es stellt jedoch keine konkreten Maßstäbe für die Verteilung vorhandener Informationsressourcen auf, diese festzulegen ist vielmehr Sache des einfachen Gesetzgebers und der Verwaltung[90]. Ein verfassungsrechtlicher Anspruch läßt sich auch aus der Tatsache, daß der Staat in einigen relevanten Bereichen über ein Informationsmonopol verfügt, nicht herleiten[91]. Sofern es um den

---

Gewährung von Leistungen, sondern um die „klassische" Abwehr staatlicher Eingriffe: „Der argumentative Vorteil wird allerdings mit einem bedenklichen Verlust an sprachlich-begrifflicher Klarheit erkauft. Soll überhaupt die Unterscheidung von Abwehrrechten und Leistungsrechten noch einen Sinn machen, dann muß daran angeknüpft werden, daß Leistungsrechte auf ein positives Tun des Staates, Abwehrrechte hingegen auf ein Unterlassen des Staates gerichtet sind. [...] Auf dem Hintergrund dieser unverzichtbaren Unterscheidung erweist sich die abwehrrechtliche Rhetorik als verfehlt, da der behauptete Informationsanspruch unzweifelhaft eine positive Handlung des Staates einklagt".

[87] BVerfGE 35, 79 (114)
[88] BVerfGE 35, 79 (114)
[89] BVerfG NJW 86, 1243 - Nichtannahmebeschluß, zuvor bereits BVerwG NJW 86, 1277: „Ein individuelles Recht darauf, daß der Staat zu Zwecken der Forschung Hilfestellungen leistet, auf die sonst kein Rechtsanspruch besteht, ist dem Freiheitsrecht des Art 5 Abs. 3 GG als Abwehrrecht nicht zu entnehmen."
[90] Bull/Dammann, Wissenschaftliche Forschung und Datenschutz, DÖV 82, 213 (215); Wollenteit, Informationsrechte des Forschers im Spannungsfeld von Transparenzforderungen und Datenschutz, S. 58, weist darauf hin, daß die Annahme originärer Teilhaberechte die Entscheidungsprärogative des einfachen Gesetzgebers gefährdet, da sie ihn auf die Verfolgung bestimmter Zwecke festlegt, obwohl aus den Grundrechten keinerlei vollzugsfähige Ansprüche abgeleitet werden können.
[91] so aber Berg, Datenschutz und Forschungsfreiheit, JöR 33 (1984), 63 (90)

Zugang zu personenbezogenen Daten geht, ist bereits die staatliche Monopolstellung fraglich, da die Daten auch bei den Betroffenen selbst erhoben werden können[92]. Staatliche Unterstützung bei der Beschaffung dieser Informationen erleichtert zwar die Forschertätigkeit, einem Anspruch steht jedoch das Persönlichkeitsrecht der Betroffenen entgegen[93], deren Schutzbedürfnis gegenüber der Verwendung personenbezogener Daten prinzipiell ebenso unbegrenzt ist, wie der Informationsanspruch wissenschaftlicher Forschung[94]. Im übrigen sind von den Folgen staatlicher Informationsmonopole nicht nur Wissenschaftler betroffen, sondern alle Interessenten, eine Besserstellung der Wissenschaftler dürfte sich anhand des Grundrechts allein schwerlich begründen lassen[95].

Epidemiologen haben danach keinen grundrechtlichen Anspruch auf Zugang zu Daten, die in bevölkerungsbezogenen Krebsregistern gespeichert sind. Ein Anspruch auf bevölkerungsbezogene Erfassung besteht danach erst recht nicht, wobei sich dieses Problem dadurch relativiert hat, daß nach dem Krebsregistergesetz des Bundes alle Länder zur Errichtung bevölkerungsbezogener Krebsregister verpflichtet sind, vom Grundsatz flächendeckender Registrierung dürfen die Länder allerdings abweichen (§ 1 Abs. 1 S. 2,3 KRG).

II. Recht auf informationelle Selbstbestimmung

Die für die Einrichtung und Tätigkeit bevölkerungsbezogener Krebsregister erforderlichen gesetzlichen Regelungen haben die verfassungsrechtlichen Grenzen zu beachten, die das allgemeine Persönlichkeitsrecht, Art. 2 I iVm. Art. 1 I GG, in Gestalt des Rechts auf informationelle Selbstbestimmung setzt.

---

[92] Wollenteit, Informationsrechte des Forschers im Spannungsfeld von Transparenzforderungen und Datenschutz, S. 59 f.
[93] BVerfG NJW 86, 1243
[94] Bull/Dammann, Wissenschaftliche Forschung und Datenschutz, DÖV 82, 213 (215); Rzadtki/Wollenteit, Persönlichkeitsrecht und Krebsregistrierung, in: v. Elling/Wunder, Krebsregister, S. 154 (157); Simitis, Datenschutz und Wissenschaftsfreiheit, in: Kaase u.a. (Hrsg.), Datenzugang und Datenschutz, S. 83 (88)
[95] Wollenteit, Informationsrechte des Forschers im Spannungsfeld von Transparenzforderungen und Datenschutz, S. 60

A. Entwicklung

Das Recht auf informationelle Selbstbestimmung ist eine besondere Ausprägung des allgemeinen Persönlichkeitsrechts. Die Interpretation des Persönlichkeitsrechts war früher durch die sog. Sphärentheorie bestimmt[96]. Nach dieser von Hubmann entwickelten Betrachtungsweise variiert der Schutz des Einzelnen vor Indiskretionen mit dem Grad der Öffentlichkeit seines konkreten Verhaltens[97]. Die Systematik der Abstufungen ist nicht einheitlich[98], läßt sich jedoch wie folgt skizzieren: Unterschieden werden Öffentlichkeits-, Sozial-, Privat-, Geheim- und Intimsphäre. Der engste Bereich des Persönlichkeitsschutzes ist die *Intimsphäre* des Einzelnen, hierzu gehören Informationen aus dem Sexualbereich ebenso wie Einzelheiten medizinischer Untersuchungen. Die Intimsphäre genießt absoluten Schutz vor Eingriffen Dritter[99], das Grundgesetz gewährt dem Einzelnen "einen unantastbaren Bereich privater Lebensgestaltung, der der Einwirkung der öffentlichen Gewalt entzogen ist"[100]. Je stärker das Verhalten des Einzelnen der Öffentlichkeit zugewandt ist, desto geringer ist der Schutz seines Persönlichkeitsrechts[101], die Preisgabe entsprechender Informationen ist auch ohne Einwilligung des Betroffenen zulässig, wenn nach einer sorgfältigen Abwägung im konkreten Fall das öffentliche Interesse an der Bekanntgabe das Interesse des Betroffenen an der Geheimhaltung überwiegt.

Die neuere Rechtsprechung zur Verarbeitung personenbezogener Daten hat demgegenüber einen am Verfahren der Datenverarbeitung orientierten Ansatz gewählt. Im Volkszählungsurteil leitet das Bundesverfassungsgericht

---

[96] BVerfGE 27, 1 (6) - Mikrozensus; E 27, 344 (350) - Scheidungsakten; E 32, 373 (379) - Arztkartei; E 35, 202 (220) - Lebach; E 44, 353 (372) – Suchtkrankenberatungsstelle; E 56, 37 (41) - Selbstbezichtigung; E 63, 131 (142) - Gegendarstellung

[97] Hubmann, Das Persönlichkeitsrecht, S. 268 ff.

[98] Die Darstellung orientiert sich an Wenzel, Das Recht der Wort- und Bildberichterstattung, Rn. 5.18 ff.; Damm/Kuner, Widerruf, Unterlassung und Schadensersatz in Presse und Rundfunk, Rn. 43 ff.

[99] Wenzel, Das Recht der Wort- und Bildberichterstattung, Rn. 5.38; BGH AfP 88, 34 - Intime Beziehungen

[100] BVerfGE 27, 1 (6)

[101] Die Öffentlichkeitssphäre (Wenzel, Rn 5.52 ff.) betrifft Bereiche, die jeder wahrnehmen kann, ebenso die Sozialsphäre (Wenzel Rn. 5.47 ff.), die der Öffentlichkeit jedoch nicht direkt zugewandt ist. Die Geheimsphäre (Wenzel Rn. 5.32 ff.) erfaßt den Bereich, der nach dem Willen des Betroffenen und verständiger Würdigung der Öffentlichkeit nicht preisgegeben werden soll.

aus dem Persönlichkeitsrecht die Befugnis des Einzelnen ab, grundsätzlich selbst über die Preisgabe und Verwendung seiner persönlichen Daten zu bestimmen[102]. Im Schutzbereich dieses sog. Rechts auf informationelle Selbstbestimmung ist die Verwendung personenbezogener Daten, unabhängig von ihrer Art, grundsätzlich nur mit Einwilligung des Betroffenen zulässig. Unter den Bedingungen der automatisierten Datenverarbeitung, so stellte das Gericht fest, sind Informationen in einer Weise verfügbar, die es der verarbeitenden Stelle ermöglicht, mehr oder weniger vollständige Persönlichkeitsbilder zusammenzusetzen, deren Existenz sich der Kenntnis, und deren Richtigkeit oder Vollständigkeit sich der Überprüfung durch den Betroffenen entziehen kann. Der Einzelne vermag nicht mehr mit hinreichender Sicherheit zu überschauen, „wer was wann und bei welcher Gelegenheit" über ihn weiß[103], bis dahin unbekannte Möglichkeiten der Einsicht- und Einflußnahme vermögen „auf das Verhalten des einzelnen schon durch den psychischen Druck öffentlicher Anteilnahme einzuwirken"[104]. Jedes für sich genommen belanglose Datum kann durch den jeweiligen Kontext einen ganz neuen Stellenwert erhalten, angesicht dieser Möglichkeiten gibt es daher keine „belanglosen" Informationen mehr[105].

---

[102] BVerfGE 65, 1 (43), dazu Benda, Das Recht auf informationelle Selbstbestimmung und die Rechtsprechung des Bundesverfassungsgerichts zum Datenschutz, DuD 84, 86ff. Vogelgesang lehnt ein einheitliches Recht auf informationelle Selbstbestimmung ab, er fordert eine Abstufung des Persönlichkeitsschutzes vor allem nach der Sensibilität der Daten und dem „Medium, für das sie bestimmt sind". Eine Differenzierung anhand der von ihm gelieferten Kriterien fällt jedoch schwer, wenn es heißt: „Die Schutzbedürftigkeit ist geringer, wenn es sich um persönliche Merkmale handelt, die von ihrer Bestimmung her zur Kommunikation vorgesehen sind, wie z. B. der Name.[...] Das Schutzbedürfnis ist intensiver, wenn Merkmale oder Äußerungen, wie z.B. das gesprochene Wort, im vertraulichen Kreis nicht zum Verkehr in der Öffentlichkeit bestimmt sind oder wenn es sich um intime Daten über höchstpersönliche Eigenschaften handelt. ", in: Grundrecht auf informationelle Selbstbestimmung?, S. 170. Ob es sich bei dem Recht auf informationelle Selbstbestimmung um ein Grundrecht handelt, so zuletzt Bäumler in: Der neue Datenschutz, 1 (3), oder lediglich um eine Konkretisierung des allgemeinen Persönlichkeitsrechts, so Simitis, Die informationelle Selbstbestimmung – Grundbedingungen einer verfassungskonformen Informationsordnung, NJW 84, 398 (399), Krause, Das Recht aus informationelle Selbstbestimmung, JuS 84, 268, BVerfG NJW 87, 2805 sowie NJW 88, 962 (964), jeweils Kammerbeschlüsse, muß hier nicht erörtert werden.

[103] BVerfGE 65, 1 (43)
[104] BVerfGE 65, 1 (42)
[105] BVerfGE 65, 1 (45)

Unter Verwendung der Sphärentheorie hatte das Gericht die Abgrenzung von geschützten und nicht geschützten Daten regelmäßig durch negative Formulierungen gesucht; nicht die Zugehörigkeit zum unantastbaren Bereich, sondern die fehlende Zugehörigkeit waren als entscheidend erachtet worden, dabei gab es im Ergebnis keine Informationen, die nicht unter bestimmten Umständen einen staatlichen Zugriff hätten rechtfertigen können. Dem läuft die Bewertung, es gäbe keine belanglosen Daten, an sich entgegen, denn sie impliziert, daß jedes harmlose Datum ebenso geschützt werden muß, wie Informationen, die als sensibel gelten, etwa solche über gesundheitliche oder sexuelle Verhältnisse. Das BVerfG beläßt es jedoch nicht bei dieser Formel, sondern macht den Schutz personenbezogener Daten von ihrer Nutzbarkeit und Verwendbarkeit im konkreten Fall abhängig[106]. Diese Relativierung dürfte erforderlich sein, um dem Ziel des Datenschutzes gerecht zu werden, das nicht in der Förderung privatistischer Tendenzen liegt, sondern in der Verhinderung einer Katalogisierung von Personen.

B. Schutzbereich

Das Recht auf informationelle Selbstbestimmung schützt den Einzelnen gegen „unbegrenzte Erhebung, Speicherung, Verwendung und Weitergabe seiner persönlichen Daten", es gewährleistet insoweit „die Befugnis des Einzelnen, grundsätzlich selbst über die Preisgabe und Verwendung seiner persönlichen Daten zu bestimmen"[107]. Geschützt sind danach nur Daten Lebender. Verstorbenen gewährt die Rechtsprechung einen postmortalen Achtungsanspruch, dieser schützt vor schwerwiegenden Beeinträchtigungen, die bei Lebenden als Verletzung der Menschenwürde einzustufen wären[108]. Konkretisiert wurde das Grundrecht in den Datenschutzgesetzen von

---

[106] BVerfGE 80, 367 - Tagebuchbeschluß - spricht zwar von einem „unantastbaren Bereich privater Lebensgestaltung", die Verwertung der fraglichen Informationen wird jedoch nicht vom Grad ihres Sozialbezugs gemacht - es ging um Tagebuchaufzeichnungen, nach der Diktion der Sphärentheorie nur mit Einwilligung des Betroffenen verwertbar – abhängig, sondern von der „Bedeutung des Inhalts", dem unmittelbaren Bezug zu den im konkreten Verfahren angeklagten Straftaten (375), i. E. also der geplanten Verwendung der Angaben.
[107] BVerfGE 65, 1 (43)
[108] BVerfGE 30, 173 (194) - Mephisto

Bund und Ländern[109] sowie in Spezialgesetzen. Zum Schutzbereich im einzelnen:

1. *Personenbezogene Daten*

Das Recht auf informationelle Selbstbestimmung schützt nur personenbezogene Daten[110]. Die Feststellung, ob es sich bei Informationen um solche mit Personenbezug handelt, ist daher für die Frage ihres Schutzes grundlegend. Das Bundesdatenschutzgesetz (BDSG) definiert personenbezogene Daten als „Einzelangaben über persönliche oder natürliche Verhältnisse einer bestimmten oder bestimmbaren Person (Betroffener)", § 1 Abs. 1 BDSG. Personenbezogene Daten gelten als anonymisiert, wenn sie derart verändert, d.h. inhaltlich umgestaltet[111] sind, „daß die Einzelangaben über persönliche oder sachliche Verhältnisse nicht mehr oder nur mit einem unverhältnismäßig großen Aufwand an Zeit, Kosten und Arbeitskraft einer bestimmten oder bestimmbaren natürlichen Person zugeordnet werden können"[112]. Die Begriffe personenbezogene und anonymisierte Daten sind nur scheinbar komplementär. Tatsächlich können anonymisierte Daten personenbezogen bleiben, da die Bestimmbarkeit des Betroffenen nur erheblich erschwert, jedoch nicht aufgehoben sein muß[113]. Eine sichere Aussage darüber, ob ein Datensatz Personenbezug aufweist, ist daher ohne weiteres nur in den Fällen möglich, in denen eine Person bestimmt ist oder sicher nicht bestimmt werden kann. So handelt es sich bei Informationen über einen Krebsfall mit Angabe von Namen, Alter und Adresse des Betroffenen um personenbezogene Daten. Für die Feststellung der Bestimmbarkeit verlangt der Gesetzgeber eine Abwägung des zur Identifizierung erforderlichen Aufwands und dem Wert der Erlangung personenbezogener Daten für die speichernde Stelle. Nur wenn dieser Aufwand als unverhältnismäßig beurteilt wird, gelten die fraglichen Daten als anonym, sog. faktische Anonymität. In diese Entscheidung einzubeziehen sind zunächst die Daten selbst, die datenverarbeitungstechnischen Möglichkeiten des Verarbei-

---

[109] BVerfGE 65, 1 (48), der Schutzbereich des Grundrechts wird zwar nicht durch einfachgesetzliche Regelungen festgelegt, das Gericht bezieht sich jedoch ausdrücklich auf die Datenschutzgesetze.
[110] in BVerfGE 65, 1 auch als „persönliche" Daten bezeichnet
[111] § 3 Abs. 5 S. 2 BDSG
[112] § 3 Abs. 7 BDSG
[113] Dammann, BDSG § 3 Rn. 23, 202 ff.

ters[114] sowie das Zusatzwissen, das in die Vererbeitung einfließen kann[115]: Aggregierte Daten sind personenbezogen, wenn es „nach dem technisch-wissenschaftlichen Stand der Kunst möglich ist", individuelle Datensätze zu reproduzieren[116]. Hinsichtlich des für die Identifizierung erforderlichen Zusatzwissens ist der Personenbezug relativ, d.h., der Betroffene ist nur für denjenigen bestimmbar, der über dieses Wissen verfügt[117]. Kann das Zusatzwissen aus allgemein zugänglichen Quellen beschafft werden, so handelt es sich um personenbezogene Daten, unabhängig davon, ob dieses Wissen dem Verwender bereits vorliegt oder ob es noch beschafft werden müßte, auch unabhängig davon, ob der Verwender überhaupt die Absicht hat, den Betroffenen zu identifizieren[118]. Liegen identifizierende Daten getrennt von den übrigen Angaben und/oder in verschlüsselter Form vor, so ist der gesamte Datensatz jedenfalls für den, der die getrennt aufbewahrten Daten zusammenfügen oder die identifizierenden Daten entschlüsseln kann, personenbezogen[119]. Für Personen, die mit der Verarbeitung und Nutzung der Daten befaßt sind, ohne über die dargestellten Möglichkeiten zu verfügen, handelt es sich dagegen um anonymisierte Daten[120]. Dagegen verbietet ein bloß zufälliges Erkennen eines Einzelnen aus einem großen Datenbestand durch jemanden, der über ein besonderes Zusatzwissen verfügt, es nicht, den Datenbestand insgesamt als anonymisiert zu betrachten[121]. Angesichts der rasanten Entwicklung der Datenverarbeitung und damit der Möglichkeiten der Anonymisierung und Deanonymisierung von Informationen ist zu beachten, daß die Beurteilung, ob Personenbezug vorhanden ist, immer nur dem zur Zeit der Beurteilung aktuellen Stand entsprechen kann, ändert sich dieser Stand, kann eine neue Beurteilung erforderlich sein.

---

[114] Dammann, BDSG § 3 Rn. 27
[115] BVerfGE 65, 1 (69)
[116] Dammann, BDSG § 3 Rn. 31
[117] Dammann, BDSG § 3 Rn. 32
[118] Dammann, BDSG § 3 Rn. 35
[119] Dammann, BDSG § 3 Rn. 33 unter Verweis auf § 40 Abs.3 BDSG, wonach Daten grundsätzlich 1.) getrennt zu speichern und 2.) zu anonymisieren sind, sobald dieses nach dem Forschungszweck möglich ist
[120] Dammann, BDSG § 3 Rn. 34
[121] Bull, Datenschutz und Gesundheitsforschung, in: Überla/Zeiler (Hrsg.), Datenschutz und Wissenschaftsadministration, S. 34 (37)

Bei der bevölkerungsbezogenen Krebsregistrierung sind im Rahmen der Untersuchung, ob es sich um eine Erhebung und Verarbeitung personenbezogener Daten handelt, jedenfalls folgende Faktoren zu ermitteln:
(1) Personenbezug der Meldedaten selbst
(2) Verarbeitung der Daten seitens des Registers
(a) ist dort eine Zusammenführung der gemeldeten Daten mit weiteren Angaben vorgesehen, muß geprüft werden, ob eine Identifizierung des Betroffenen mit Hilfe dieser Ergänzungen oder aufgrund der Modalitäten der Zusammenführung möglich ist.
(b) Modalitäten der Aufbewahrung, Maßnahmen zum Schutz der gespeicherten Daten vor unbefugtem Zugriff
(3) Übermittlung von Registerdaten an Dritte
(a) Personenbezug der zu übermittelnden Daten selbst
(b) vorgesehene Datenverarbeitung, insbesondere eine geplante oder technisch mögliche Verknüpfung mit Zusatzangaben
(c) Modalitäten der Aufbewahrung, Maßnahmen zum Schutz übermittelter Daten vor unbefugter Verwendung.

Bei der Abwägung hinsichtlich des Wertes eigenmächtig erlangter personenbezogener Daten von Krebspatienten für den Verarbeiter ist zu beachten: Wertvoll sind diese Angaben nicht nur für Zwecke epidemiologischer Krebsforschung oder für die Planung medizinischer Infrastruktur. Von Bedeutung sind personenbezogene Krebsdaten für alle, die ein Interesse an der Leistungsfähigkeit und Lebenserwartung ihrer Vertragspartner haben, wie Arbeitgeber, Versicherungen, Kreditinstitute, Vermieter etc., und in Kenntnis entsprechender Erkrankungen Verträge möglicherweise nicht oder nur unter veränderten, für den Betroffenen in aller Regel schlechteren, Konditionen anbieten. Solche Änderungen erfolgen unter Umständen routinemäßig, d.h. unabhängig davon, ob die Erkrankung tatsächlich Einfluß auf das konkrete Verhältnis hat, der Betroffene wird sich zum Abschluß bereiterklären, da ihm nach Bekanntwerden seiner Erkrankung keine „normalen" Konditionen mehr angeboten werden. Darüberhinaus dürfte mit den Kosten für die Behandlung von Krebspatienten auch das Interesse von Krankenversicherungen steigen, Patienten, bei deren Erkrankung selbst zu verantwortende Risikofaktoren wie Rauchen und ungesunde Ernährung eine Rolle spielen, zur Kasse zu bitten. Entsprechende Informationen sind in den Abrechnungsdaten der Ärzte nicht enthalten, Angaben darüber, ob es sich bei dem Patienten um einen Raucher handelt, sind jedoch regelmäßig Bestandteil der Datensammlungen bevölkerungsbezogener Krebsregister.

2. Phasen der Datenverarbeitung

Das Selbstbestimmungsrecht umfaßt alle Phasen des Umgangs mit personenbezogenen Daten. Dieser beginnt regelmäßig mit der Erhebung, d.h. der Beschaffung von Daten über den Betroffenen[122] bei diesem selbst[123] oder bei Dritten. Es folgt die Verarbeitung[124] als Oberbegriff für die Speicherung, Veränderung, Übermittlung, Sperrung und Löschung personenbezogener Daten, ungeachtet der dabei angewandten Verfahren[125]. Vorliegend von Bedeutung: Speicherung wird definiert als das „Erfassen, Aufnehmen oder Aufbewahren personenbezogener Daten auf einem Datenträger zum Zwecke ihrer weiteren Verarbeitung oder Nutzung"[126], Übermittlung als „das Bekanntgeben gespeicherter oder durch Datenverarbeitung gewonnener personenbezogener Daten an einen Dritten (Empfänger) in der Weise, daß a) die Daten durch die speichernde Stelle an den Empfänger weitergegeben werden oder b) der Empfänger von der speichernden Stelle zur Einsicht oder zum Abruf bereitgehaltene Daten einsieht oder abruft"[127]. Dritter ist dabei „jede Person oder Stelle außerhalb der speichernden Stelle"[128].

3. Einwilligung

Die Erteilung oder Verweigerung der Einwilligung in die Verarbeitung seiner personenbezogenen Daten ist Ausdruck der Entscheidungsfreiheit, die dem Einzelnen durch das Recht auf informationelle Selbstbestimmung gewährt wird[129]. Jede Datenverarbeitung ohne oder gegen den Willen des Be-

---

[122] § 3 Abs. 4 BDSG, die Landesdatenschutzgesetze enthalten entsprechende Regelungen
[123] Öffentliche Stellen haben personenbezogene Daten grundsätzlich bei dem Betroffenen zu erheben, § 13 Abs. 2 S. 1 BDSG, nicht-öffentliche Stellen müssen Daten „nach Treu und Glauben und auf rechtmäßige Weise" erheben, § 28 Abs. 1 S. 2 BDSG, in der Regel wird auch hier die Erhebung bei dem Betroffenen erforderlich sein.
[124] BVerfGE 65, 1 (43, 45) spricht von „Verwendung"
[125] § 3 Abs. 5 S. 1 BDSG
[126] § 3 Abs. 5 Nr. 1 BDSG, die Landesdatenschutzgesetze enthalten entsprechende Regelungen
[127] § 3 Abs. 5 Nr. 3 BDSG
[128] § 3 Abs. 9 S. 1 BDSG
[129] Bizer, Forschungsfreiheit und informationelle Selbstbestimmung, S. 140; a.A. Brosette, Der Wert der Wahrheit im Schatten des Rechts auf informationelle Selbst-

troffenen bedarf der Rechtfertigung. Dabei kommt es nicht darauf an, ob der Betroffene Nachteile aufgrund der Datenverarbeitung zu erwarten hat, maßgeblich ist allein die Tatsache, daß seine Entscheidungsfreiheit beschränkt wird[130]. Mit der Einwilligung werden die Grenzen der zulässigen Datenverarbeitung festgelegt, ein Überschreiten bedarf daher ebenso der Rechtfertigung wie der gänzliche Verzicht auf die Einwilligung. Voraussetzung einer selbstbestimmten Entscheidung ist die vorherige Aufklärung über Zweck und Umfang der vorgesehenen Datenverwendung[131], sog. informierte Einwilligung. Die Einwilligung muß zeitlich vor der fraglichen Handlung erklärt werden, § 183 BGB, eine nachträgliche Erteilung rechtfertigt die bereits vorgenommene Datenverarbeitung nicht, wohl aber die der Erklärung nachfolgende. Sie bedarf grundsätzlich der Schriftform, § 4 Abs. 2 S. 2 BDSG.

C. Schranken des informationellen Selbstbestimmungsrechtes

Einschränkungen des Rechts auf informationelle Selbstbestimmung sind nur im überwiegenden Allgemeininteresse zulässig. Sie bedürfen gesetzlicher Ermächtigungen[132], die Erhebung und Verarbeitung personenbezogener Daten transparent regeln. Die Gesetze müssen dem Grundsatz der Verhältnismäßigkeit entsprechen, darüberhinaus sind organisatorische und verfahrensrechtliche Vorkehrungen zum Schutz personenbezogenen Daten vorzusehen[133].

1. Allgemeininteresse

Der Mensch ist zu Selbstbestimmung und freier Entfaltung angelegt[134], er ist jedoch kein isoliertes Individuum, sondern eine sich innerhalb der sozialen Gemeinschaft entfaltende, auf Kommunikation angewiesene Persön-

---

bestimmung,
S. 244 ff.
[130] Bizer aaO.
[131] BVerfGE 65, 1 (43), § 4 Abs. 2 S. 1 BDSG
[132] BVerfGE 65, 1 (46)
[133] BVerfGE 65, 1 (44)
[134] BVerfGE 45, 187 (227) - Lebenslange Freiheitsstrafe; BGH NJW 53, 1404 - Leserbriefe

lichkeit[135]. Informationen sind ein Abbild sozialer Realität. Als solche können sie nicht ausschließlich dem Einzelnen zugeordnet werden[136], vielmehr sind sie „stets auch Ansatzpunkt einer nicht zuletzt auf die Kenntnis der individuellen Situation angewiesenen sozialen und staatlichen Aktivität"[137]. Überwiegt das allgemeine Interesse an der Verwendung personenbezogener Daten das Schutzbedürfnis des Einzelnen, so muß er Beschränkungen seines Selbstbestimmungsrechts dulden[138]. Besteht ein allgemeines Interesse an wissenschaftlicher epidemiologischer Krebsforschung auf der Basis bevölkerungsbezogener Krebsregister?

Krebs ist ubiquitär; jeder kann daran erkranken, überall. Heilung ist nur begrenzt möglich, der Krankheitsverlauf meistens schwer, oft tödlich. Besonderes Interesse muß daher der Verhinderung von Krebserkrankungen gelten, möglich nur mit Kenntnis ursächlicher Faktoren und Mechanismen. Epidemiologie ist nicht die einzige Wissenschaft, die Krebsursachen zu ermitteln sucht. Der epidemiologische Weg des Nachweises mit quantitativen Methoden ist aufwendig und langwierig, die Aussagekraft von Ergebnissen epidemiologischer Studien beschränkt, wie bereits dargestellt. In diesen Grenzen können epidemiologische Erkenntnisse jedoch zur Entwicklung und Überprüfung der Effektivität von Präventionsstrategien beitragen, die der Gesundheit der gesamten Bevölkerung und jedes einzelnen Bevölkerungsmitglieds dienen. Wissenschaftliche Forschung muß sich nicht am Gemeinwohl orientieren, sie kann auch privatnützig und/ oder dem Gemeinwohl zuwider konzipiert sein. Behördeneigene Forschung ist am Gemeinwohl orientiert, als staatliche Aufgabe jedoch weisungsgebunden. Auch die privatnützige Forschung kann „von 'wissenschaftsfremden' Einflüssen abhängig sein"[139]. Unabhängige wissenschaftliche Forschung unterliegt diesen Einflüssen nicht, ihr kommt daher eine gewisse demokra-

---

[135] BVerfGE 65, 1 (44); BGH NJW 58, 827 - Herrenreiter; BGH NJW 62, 1004 - Doppelmörder
[136] BVerfGE 65, 1 (44)
[137] Simitis, BDSG § 1 Rn. 25; BVerfGE 65, 1 (44), ständige Rspr.: „Das Grundgesetz hat [...] die Spannung Individuum-Gemeinschaft im Sinne der Gemeinschaftsbezogenheit und Gemeinschaftsgebundenheit entschieden", dagegen AK-Podlech, Art. 2 Abs. 1, Rn. 38: Die Gemeinschaftsbezogenheit des Menschen begründet den Grundrechtsschutz, nicht die staatliche Eingriffsbefugnis.
[138] BVerfG aaO.; BVerfGE 30, 1 (20) - Abhörurteil
[139] Bizer, Forschungsfreiheit und informationelle Selbstbestimmung, S. 173

tische Funktion[140] zu: Unabhängige Krebsepidemiologie kann zur gesundheitlichen Aufklärung der Bevölkerung, zur allgemeinen Meinungs- und Willensbildung beitragen. Angesichts der Multikausalität der Krankheit, in Betracht kommen genetische, persönliche und ökologische Faktoren, und der dadurch bedingten Unsicherheit kann diese Aufklärung ein Gegengewicht darstellen zu etwaigen Tendenzen in der staatlichen Informations- und Gesundheitspolitik, die Verantwortung für Krebserkrankungen bei dem Einzelnen zu suchen.

Die Bedeutung bevölkerungsbezogener Krebsregister als Basis zur Erforschung und Bekämpfung von Krebskrankheiten ist nicht unumstritten, zwei extreme Stellungnahmen: „Die geringe Vehemenz, mit der Diskussion und Gesetzgebungsverfahren vorangetrieben werden, läßt [...] vermuten, daß die Datenschutzdebatte hier von interessierten Kreisen als willkommenes Mittel benutzt wird, um die mögliche epidemiologische Aufdeckung potentieller Ursachen von Krebserkrankungen durch Umweltchemikalien auf den Sankt Nimmerleinstag zu verschieben"[141]. Andererseits wird den Registern vorgeworfen, sie sammelten Daten ins Blaue hinein, um „mit erheblichem wissenschaftlichen Getöse" Probleme zutage zu bringen, die nicht nur längst bekannt seien, sondern auch bereits weitaus genauer formuliert und bearbeitet werden könnten[142]. Bei speziellen Problemstellungen könnten befriedigende Antworten auch mittels gezielter Untersuchungen gewonnen werden[143]. Auch lieferten die in Krebsregistern routinemäßig gespeicherten Informationen für wesentliche Risikofaktoren, wie etwa berufliche Expositionen, nur sehr grobe Anhaltspunkte, die zur Identifizierung entsprechender Krankheitsursachen nicht geeignet seien[144]. Risikofaktoren

---

[140] allgemein für die wissenschaftliche Forschung: Albrecht, Datenschutz und Forschungsfreiheit, CR 86, 92 (96); Brennecke, in: Kaase u.a. (Hrsg.), Datenzugang und Datenschutz, S. 281 (286 ff.); zurückhaltend Bizer, Informationsfreiheit und informationelle Selbstbestimmung, S. 172: „Die gesellschaftliche Funktion der Forschung für den demokratischen und freiheitlichen Rechtsstaat sollte aber nicht überbewertet werden."

[141] Große Anfrage der Fraktion der Grünen im Deutschen Bundestag „Chemie und Krebs (I)", BTDrs. 10/5158, S. 10

[142] v. Elling, Eine neue Ära der Krebsbekämpfung? in: v. Elling/Wunder (Hrsg.), Krebsregister, S. 52 (74)

[143] Reichertz, Datenschutz und Vertraulichkeitsproblematik medizinischer Daten für Krankenversorgung und Forschung, in: Überla/Zeiler (Hrsg.), Datenschutz und Wissenschaftsadministration im Gesundheitsbereich, S.31

[144] v. Elling, Eine neue Ära der Krebsbekämpfung? in: v. Elling/Wunder (Hrsg.),

würden stattdessen primär in den persönlichen Lebensbedingungen der Patienten gesucht, „die erhobenen anamnetischen Angaben reduzieren lebensgeschichtliche Erfahrungen auf die Anzahl der gekippten Biere und Schnäpse"[145]. Die Registrierung bewirke nicht eine Verbesserung von Umwelt- und Arbeitsbedingungen, sondern ziele auf eine Beobachtung und Überwachung bestimmter Bevölkerungsgruppen, die bekanntermaßen überdurchschnittlichen Krebsrisiken ausgesetzt seien. Insbesondere die Grenzwerte für krebsauslösende Arbeitsstoffe seien politische Werte und zeigten nur „die derzeit für gesellschaftlich tolerierbar gehaltene Rate der zu erwartenden Opfer" an. Die Erfassung von Beschäftigten, die mit karzinogenen Stoffen arbeiteten, führe bestenfalls zu einer Verwissenschaftlichung der zugemuteten Risiken, nicht jedoch zu einem Verbot dieser Stoffe[146]. Auf ihren sachlichen Kern reduziert, umfaßt diese Kritik drei Punkte:

(1) Bezweifelt wird zunächst die Eignung bevölkerungsbezogener Krebsregister, zur Aufklärung von Krebsursachen beizutragen. Die Möglichkeiten der Register sind bereits dargestellt worden, danach wird man diesen Vorwurf schlicht als unbegründet zurückweisen können.

Bevölkerungsbezogene Krebsregister sind jedoch nicht die einzigen Datenquellen epidemiologischer Forschung, ein Ursachennachweis allein anhand von Registerdaten ist nicht möglich. Zu ermitteln ist daher der Nutzen, den gerade bevölkerungsbezoge- Krebsregister für die Krebsursachenforschung haben: Bei den klinischen Krebsregistern ist der für die Deskription erforderliche Bevölkerungsbezug schwerlich herzustellen. Studienergebnisse, die mittels klinischer Register erlangt worden sind, lassen sich insofern nicht oder nur bedingt verallgemeinern, auch ein Monitoring oder Taskforcing definierter Gebiete ist kaum zu leisten. Selbstbestimmungsrechtlich bietet der Zugriff auf klinische Krebsregister im übrigen keine Erleichterungen: Patientendaten werden auch dort im Rahmen der Heilbehandlung erhoben, sie dürfen daher nur im Rahmen der Heilbehandlung verwendet werden. Jede Nutzung für Forschungszwecke, sei es, für Zwecke klinischer oder epidemiologischer Forschung, bedarf der Einwilligung des Betroffenen oder einer gesetzlichen Ermächtigung.

Krebsregister, S. 52 (71)
[145] Narr/Schwander, Die Herrschaftslogik der Krebsregister, in: v. Elling/Wunder (Hrsg.), Krebsrgister, S. 86 (88)
[146] Narr/Schwander, aaO.

Zur Einschätzung des Krebsgeschehens werden oft Todesursachenstatistiken herangezogen, die als bundesweite Erhebungen vorliegen und in aggregierter Form Informationen aus Todesbescheinigungen (Leichenschauscheinen) enthalten. Mortalitätsstatistiken sind für die epidemiologische Krebsforschung insofern von Interesse, als sie zu einer Aussage über die Wirksamkeit präventiver und therapeutischer Maßnahmen beitragen können[147]. Für die epidemiologische Ergebnisfindung ist dieses jedoch nicht ausreichend; zum einen gehen in die Statistik nicht alle Krebsfälle ein, sondern nur diejenigen, bei denen eine Krebserkrankung in der Todesbescheinigung vermerkt worden ist, zum anderen fehlt den aggregierten Daten regelmäßig der Personenbezug. Dieser bliebe bei der Auswertung der einzelnen Todesbescheinigungen gewahrt, auch würde das Selbstbestimmungsrecht des Patienten durch die Registrierung nicht beeinträchtigt, da dieses mit dem Tod endet[148]. Vorteile bevölkerungsbezogener Krebsregister: Die Register geben nicht nur den Zeitpunkt des Todes, sondern auch den der Erkrankung an, jedenfalls annähernd. Sie geben nicht nur Auskunft über die Mortalität, sondern auch über die Morbidität, denn erfaßt werden auch geheilte Krankheiten und solche, die nicht todesursächlich waren. Da die Registrierung nicht im nachhinein stattfindet, sondern den Krankheitsprozeß begleitet, sind die Angaben genauer. Schließlich ermöglicht die Erfassung zu Lebzeiten eine Befragung der Betroffenen, die detailliertere Angaben erwarten läßt als Auskünfte von Dritten[149].

(2) Die Qualität der erfaßten Daten wird als für die Ursachenforschung nicht hinreichend angesehen. Art und Umfang der zu erfassenden Daten erscheinen in der Tat problematisch: Je vielschichtiger die Sammlung, desto größer ist voraussichtlich die Wahrscheinlichkeit, mögliche Risikofaktoren zu ermitteln. Andererseits dürfte eine routinemäßige, detaillierte Rundumerhebung unter besonderer Berücksichtigung von umwelt- und berufsbezogenen Faktoren mit einem Aufwand verbunden sein, der die Registerarbeit zu lähmen droht. Demgegenüber besteht bei einer Beschränkung des zu erfassenden Datensatzes die Gefahr einer Konzentration auf wenige Elemente, die auf diese Weise einen Stellenwert erhalten können, der ihrer tatsächlichen Bedeutung keineswegs entspricht. Dieser Aspekt muß bei der

---

[147] zur Bedeutung von Mortalitäts- u.a. Bevölkerungsstatistiken in der Epidemiologie Ipsen in: Holland u.a., Epidemiologie im Gesundheitswesen, S. 44 ff.
[148] anders als die ärztliche Schweigepflicht, § 203 Abs. 4 StGB
[149] Neumann, Bevölkerungsbezogene Krebsregister, Med. Klin. 82 (1987), 247 (248 f.)

Auswahl des Datenkatalogs berücksichtigt werden, damit möglichen Manipulationen vorgebeugt wird. Schwierig erscheint auch die Qualitätssicherung der zu erhebenden Daten. So werden identische Fälle aufgrund unterschiedlicher medizinischer Schulen und Definitionen von den behandelnden Ärzten unterschiedlich klassifiziert[150]. Dieses Problem ist jedoch kein registerspezifisches, so daß eine Lösung auf allgemeiner Ebene zu suchen ist.

(3) Der Vorwurf, bevölkerungsbezogene Krebsregistrierung bleibe folgenlos, weil Ergebnisse nicht umgesetzt würden, verfehlt die Möglichkeiten der Register, denn: „Selbst das beste Krebsregister vermag nicht mehr als Anhaltspunkte für Wissenschaftler zu bieten, in welche Richtung sie ihre Krebsforschung weiterbetreiben sollen, um die Ursachen dieser schrecklichen Krankheit zu ergünden und die Therapiemöglichkeiten zu verbessern[151]".

Ergebnis: Es besteht ein allgemeines Interesse an epidemiologischer Krebsforschung auf der Basis bevölkerungsbezogener Krebsregister. Ob dieses Interesse das Selbstbestimmungsrecht des Einzelnen überwiegt, kann jedoch nur anhand der konkreten Ermächtigungsgrundlage geprüft werden.

2. Transparenz

Nur hinreichende Transparenz der Datenverarbeitung ermöglicht die Überprüfung ihrer Rechtmäßigkeit. Der Gesetzgeber hat eine Ermächtigung für die Erhebung und Verarbeitung personenbezogener Daten daher so zu formulieren, daß sich daraus „die Voraussetzungen und der Umfang der Beschränkungen klar und für den Bürger erkennbar ergeben"[152]. Gleichzeitig muß die Ermächtigung „nach Inhalt, Zweck und Ausmaß" so bestimmt sein, daß „das Handeln der Verwaltung meßbar und in gewissem Ausmaß für den Staatsbürger voraussehbar und berechenbar wird"[153]. Diese Anforderungen an Normenklarheit und Bestimmtheit gelten bei der Verwendung personenbezogener Daten mit Einwilligung des Betroffenen; sie sind Vor-

---

[150] Haenszel/Lourie, Quality Control of Data in an Large-Scale Cancer Register Program, in: Wagner (Hrsg.): Krebs - Dokumentation und Statistik maligner Tumoren, S. 92 ff.
[151] 5. Tätigkeitsbericht BW LfD, S. 29
[152] BVerfGE 65, 1 (44)
[153] BVerfGE 56, 1 (12)

aussetzung einer informierten Einwilligung, begrenzen den Anwendungsbereich der Norm, sind Grundlage zweckgebundener Datenverarbeitung und schließlich Voraussetzung einer Verhältnismäßigkeitsprüfung[154]. Von besonderer Bedeutung sind diese Grundsätze jedoch, wenn personenbezogene Daten nicht nur ohne Einwilligung, sondern sogar ohne Kenntnis des Betroffenen erhoben und verarbeitet werden, da er in diesem Fall lediglich anhand der entsprechenden Gesetze ermessen kann, „wer was wann und bei welcher Gelegenheit" über ihn weiß[155]. Bei komplexen Datenverarbeitungsprozessen ist die hinreichende Transparenz in der Regel nur mit bereichsspezifischen Regelungen zu bewirken.

3. Verhältnismäßigkeit

Der Verhältnismäßigkeitsgrundsatz[156] verlangt von grundrechtsbeschränkenden Gesetzen eine bestimmte Relation von angestrebtem Zweck und dem zu seiner Erreichung eingesetztem Mittel. Das gewählte Mittel, hier: bevölkerungsbezogene Krebsregistrierung ohne Einwilligung der Betroffenen, muß zur Erreichung des angestrebten Ziels, hier: Förderung der epidemiologischen Krebsforschung, (1) geeignet und (2) erforderlich sein, wobei (3) die Intensität der Grundrechtsbeschränkung nicht außer Verhältnis zum angestrebten Ziel stehen darf.

(1) Geeignet ist die fragliche Regelung bereits, wenn sie das angestrebte Ziel irgendwie zu fördern vermag - das ist bei der bevölkerungsbezogenen Krebsregistrierung unter Verzicht auf die Einwilligung der Betroffenen mit dem Ziel der Förderung epidemiologischer Krebsforschung der Fall[157].

---

[154] Bizer, Forschungsfreiheit und informationelle Selbstbestimmung, S. 178
[155] BVerfGE 65, 1 (43)
[156] ausführlich zum Verhältnismäßigkeitsgrundsatz Grabitz, Der Grundsatz der Verhältnismäßigkeit in der Rechtsprechung des BVerfG, AöR 98 (1973), S. 568 ff.
[157] zweifelnd Rzadtki/Wollenteit, Persönlichkeitsrecht und Krebsregistrierung, in: v. Elling/Wunder, Krebsregister, S. 154 (172 f.), die jedoch darauf hinweisen, daß die Überprüfung der gesetzgeberischen Einschätzung aufgrund der Entscheidungsprärogative auf eine Evidenzkontrolle beschränkt ist; hierzu BVerfGE 19, 119 (127): geprüft wird bei Betrachtung ex ante, ob das gewählte Mittel „schlechthin ungeeignet"; BVerfGE 50, 290 (334): ausreichend ist eine „sachgerechte und vertretbare Beurteilung des erreichbaren Materials"; Grabitz, der Grundsatz der Verhältnismäßigkeit in der Rechtsprechung des BVerfG, AöR 98 (1973), S. 568 (572)

(2) Erforderlich ist das mildeste Mittel, das zur Erreichung des Ziels geeignet ist. Um diese Grenze zu wahren, ist in jeder Phase der Erhebung und Verarbeitung von Daten Krebskranker zu prüfen, ob es eine für die Betroffenen weniger belastende Alternative als die Verwendung personenbezogener Daten ohne Einwilligung gibt. Diese Prüfung erfordert hinreichende Angaben darüber, (a) welche Daten für das jeweilige Vorhaben benötigt werden, (b) warum anonymisierte Daten hierfür nicht ausreichen und daß (c) zur Durchführung des Vorhabens der Verzicht auf die Einwilligung des Betroffenen erforderlich ist[158].

(3) Zumutbar ist ein zur Erreichung des konkreten Ziels geeigneter und erforderlicher Eingriff in das Selbstbestimmungsrecht des Betroffenen nur, wenn er der „Intensität nach nicht außer Verhältnis zur Bedeutung der Sache und den vom Bürger hinzunehmenen Einbußen" steht[159]. Festzustellen und abzuwägen sind danach anhand der konkreten Regelung die Schwere des Eingriffs und das allgemeine Interesse an der Sache gegen die Beeinträchtigung des Selbstbestimmungsrechts, die der Betroffene erfährt.

4. Organisatorische und verfahrensrechtliche Regelungen

Der Gesetzgeber hat geeignete organisatorische und verfahrensrechtliche Vorkehrungen zu treffen, um der Gefahr einer Verletzung des Persönlichkeitsrechts entgegenzuwirken[160]. Bei diesen Regelungen handelt es sich nicht um solche, die die Ausübung eines Grundrechts sichern sollen, sondern um „Kompensationen, die dem Eingriff seine 'Schärfe' nehmen", damit er für den Betroffenen erträglich bleibt"[161]. Das BVerfG nennt beispielhaft die frühzeitige Anonymisierung, verbunden mit Maßnahmen zum Schutz vor unbefugter Deanonymisierung[162], Aufklärungs-, Auskunfts- und Löschungspflichten[163], einen amtshilfefesten Schutz vor Zweckentfremdung durch Weitergabe- und Verwertungsverbote (sog. informationelle

---

[158] Simitis, Datenschutz - Ende der medizinischen Forschung?, MedR 85, 195 (199)
[159] BVerfGE 65, 1 (54)
[160] BVerfGE 65, 1 (44)
[161] Bizer, Forschungsfreiheit und informationelle Selbstbestimmung, S. 214 f., m.w.N.
[162] BVerfGE 65, 1 (49)
[163] BVerfGE 65, 1 (46)

Gewaltenteilung)[164] sowie die Beteiligung unabhängiger Datenschutzbeauftragter[165].

III. Persönlichkeitsrecht: Einfachgesetzliche Ausgestaltung

Einfachgesetzlich wird das Persönlichkeitsrecht der Patienten ausgestaltet durch die ärztliche Schweigepflicht (§ 203 I S. 1 StGB), die Krebsregistergesetze sowie die Datenschutzgesetze von Bund und Ländern.

Das BDSG gilt, grob skizziert, für alle öffentlichen Stellen des Bundes sowie für alle nicht-öffentlichen Stellen[166], im übrigen finden die Datenschutzgesetze der Länder Anwendung. Bei diesen allgemeinen Datenschutzgesetzen handelt es sich um sog. Querschnittsgesetze. Den Anforderungen, die das BVerfG insbesondere an Klarheit und Bestimmtheit von Regelungen stellt, die in das Selbstbestimmungsrecht eingreifen, werden diese Gesetze bei komplexen Datenverarbeitungsprozessen nicht gerecht. Sie sind daher subsidiär[167] gegenüber bereichsspezifischen Regelungen wie den Krebsregistergesetzen.

Nach § 203 Abs. 1 S. 1 StGB macht sich ein Arzt strafbar, wenn er ein fremdes Geheimnis, das ihm in seiner beruflichen Funktion anvertraut oder sonst bekanntgeworden ist, unbefugt offenbart. Informationen, die der Arzt bei der Ausübung seines Berufes erlangt hat, darf er nur weitergeben, wenn der Patient eingewilligt hat oder ein Gesetz die Offenbarung auch ohne Einwilligung des Patienten erlaubt[168]. Eine Offenbarungsbefugnis wird

---

[164] BVerfGE 65, 1 (49 ff.)
[165] BVerfGE 65, 1 (46)
[166] § 1 Abs. 2 BDSG
[167] für Bundesgesetze § 1 Abs. 4 S. 1 BDSG
[168] Mit der Weitergabe von Patientendaten zu Forschungszwecken befassen sich auch die ärztlichen Berufsordnungen. § 15 Abs. 3 der Muster-Berufsordnung für die deutschen Ärztinnen und Ärzte, beschlossen auf dem 100. Ärztetag 1997 in Eisenach, lautet: „Zum Zwecke der wissenschaftlichen Forschung und Lehre dürfen der Schweigepflicht unterliegende Tatsachen und Befunde grundsätzlich nur soweit offenbart werden, als dabei die Anonymität des Patienten gesichert ist oder dieser ausdrücklich zustimmt." Eine Befugnis zur Preisgabe personenbezogener Daten begründet diese Vorschrift nicht, denn die Satzungsautonomie der Ärztekammern erstreckt sich nur auf Kammermitglieder, nicht jedoch auf Patienten. Auch § 1 Abs. 4 S. 2 BDSG, wonach die Verpflichtung zur Wahrung gesetzlicher Geheimhaltungs-

nicht schon dadurch begründet, daß es sich bei dem Empfänger der Daten ebenfalls um einen Arzt handelt, es gibt kein „Prinzip der weißen Kittel". Die Datenschutzgesetze haben an der ärztlichen Geheimhaltungspflicht nichts geändert[169]; alle Datenschutzgesetze enthalten Subsidiaritätsklauseln, nach denen bereichsspezifische Regelungen, wie die über die ärztliche Schweigepflicht, vorgehen[170]. Dem Recht des Patienten auf informationelle Selbstbestimmung wird jedoch nicht schon dadurch genüge getan, daß der Arzt seine Schweigepflicht beachtet[171]. So erfassen die ergänzend anzuwendenden Datenschutzgesetze alle personenbezogenen Daten, also nicht nur fremde Geheimnisse oder Informationen, hinsichtlich derer eine Schweigepflicht besteht, und zwar in jeder Phase des Umgangs, von der Gewinnung oder Erhebung bis zur Löschung. Der arztrechtlichen Offenbarung entspricht im Datenschutzrecht im wesentlichen die Übermittlung. Die Vorschriften des BDSG werden jedoch verdrängt, soweit eine Übermittlung danach in weiterem Umfang zulässig wäre als nach dem Arztrecht[172]. Nicht verdrängt wird dagegen das grundsätzliche Schriftformerfordernis für die Einwilligung in die Preisgabe personenbezogener Daten[173].

---

pflichten unberührt bleibt, verleiht keine entsprechenden Eingriffsbefugnisse, dazu Bizer, Forschungsfreiheit und informationelle Selbstbestimmung, S. 165 ff.

[169] 5. Tätigkeitsbericht BW LfD, S. 29
[170] § 1 Abs. 4 S. 1 BDSG, die Datenschutzgesetze der Länder enthalten entsprechende Regelungen
[171] ausführlich Einwag, Ärztliche Schweigepflicht und Datenschutz, Der Arzt und sein Recht 4/92, S. 4 ff., 5/92 S. 4 ff.
[172] Einwag, Ärztliche Schweigepflicht und Datenschutz Teil I, Der Arzt und sein Recht 4/92, S. 4 (7)
[173] geregelt in § 4 Abs. 2 S. 2 BDSG, dazu Einwag, aaO, S. 8

Kapitel 5

Bevölkerungsbezogene Krebsregistrierung in Deutschland: Entwicklung und Tendenzen in der Gesetzgebung

Bevölkerungsbezogene Krebsregistrierung hat in Deutschland Tradition, als eines der weltweit ersten Register dieser Art nahm um 1926 das Hamburgische Krebsregister seine Tätigkeit auf. Das erste Krebsregistergesetz trat 1979 im Saarland in Kraft, Hamburg und Nordrhein-Westfalen folgten 1985. In Baden-Württemberg, Niedersachsen und Rheinland-Pfalz gab es Feldversuche und Vorarbeiten für die Errichtung bevölkerungsbezogener Krebsregister, die übrigen „alten" Bundesländer hielten sich zurück. In der DDR war bereits 1953 ein flächendeckendes bevölkerungsbezogenes Krebsregister eingerichtet worden. Mit dem Beitritt der „neuen" Länder stellte sich 1990 die Frage nach einer Rechtsgrundlage für die Fortführung dieses Registers. Übergangsregelungen wurden geschaffen. 1995 trat das Bundesgesetz über ein Krebsregister in Kraft. Dieses Gesetz soll der bevölkerungsbezogenen Krebsregistrierung zum Durchbruch verhelfen, indem es jedes Bundesland verpflichtet, bis zum 1.1.1999 ein bevölkerungsbezogenes Krebsregister eingerichtet zu haben. Einige Länder sind dem durch Erlaß von Ausführungsgesetzen zum Bundeskrebsregistergesetz nachgekommen. Tritt das Bundeskrebsregistergesetz wie vorgesehen am 31.12 1999 außer Kraft, so entfalten die Ausführungsgesetze jedenfalls insoweit keine die Verwendung personenbezogener Daten rechtfertigende Wirkung mehr, als sie lediglich auf den Inhalt des Bundeskrebsregistergesetzes verweisen. Um den Bestand der bis dahin eingerichteten Krebsregister zu sichern, bedarf es in diesen Ländern eigenständiger Regelungen.

Das Bundesgesetz gibt den Ländern bestimmte Verfahren der Registrierung vor. Zwingend umzusetzen sind diese jedoch nur teilweise, daher weisen die Modalitäten von Meldung und Datenweitergabe in den einzelnen Bundesländern gravierende Unterschiede auf. Eine kurze chronologische Darstellung der Regelungen offenbart Entwicklungen und Trends in der Gesetzgebung zur bevölkerungsbezogenen Krebsregistrierung.

I. Pioniere: Das Saarländische Gesetz über das Krebsregister und das Muster eines Gesetzes über ein Krebsregister

Das Krebsregister des Saarlandes wurde 1966 gegründet. Wie in Hamburg war eine gesetzliche Regelung der personenbezogenen Meldungen zunächst nicht als erforderlich angesehen worden, sie erfolgten nach Gutdünken des behandelnden Arztes. Nachdem das erste Bundesdatenschutzgesetz elf Jahre später die Zulässigkeit der Verwendung personenbezogener Daten von dem Vorhandensein einer gesetzlichen Regelung oder der Einwilligung des Betroffenen abhängig gemacht hatte, wurde die saarländische Registrierung vorläufig eingestellt. 1979 trat mit dem *Saarländischen Gesetz über das Krebsregister (SKRG)* das erste Krebsregistergesetz der Bundesrepublik in Kraft. Diese bis heute geltende Regelung berechtigt Ärzte im Saarland zur Meldung eines bestimmten Katalogs personenbezogener Patientendaten ohne Einwilligung der Betroffenen, nicht einmal eine Unterrichtung ist vorgesehen. Die Weitergabe von Patientendaten aus dem Register ist jedoch nur in anonymisierter Form und mit behördlicher Genehmigung zulässig.

Das *Muster eines Gesetzes über ein Krebsregister (M-KRG)* wurde 1982 im Rahmen des „Gesamtprogrammes zur Krebsbekämpfung" vorgestellt und sollte den Ländern als Wegweiser bei der Erarbeitung entsprechender Krebsregistergesetze dienen. Das M-KRG erlaubt die Verarbeitung personenbezogener Patientendaten in weitaus größerem Umfang als die saarländische Regelung. In seiner Reinform wurde das M-KRG nie umgesetzt, es hat jedoch die spätere Gesetzgebung in weiten Teilen geprägt: Wie im Saarland ist der Arzt berechtigt, personenbezogene Patientendaten ohne Einwilligung der Betroffenen zu melden. Der Arzt soll jedoch den Betroffenen von der Meldung unterrichten, soweit diesem dadurch kein gesundheitlicher Nachteil zu entstehen droht. Über die Meldedaten hinaus dürfen weitere Informationen erhoben werden: Zur Aktualisierung der Deskription sind Datenabgleiche mit Leichenschauscheinen (Todesbescheinigungen) sowie Abfragen von Melderegistern erlaubt. Auch die Übermittlungsregelungen sind großzügiger; so dürfen personenbezogene Daten an Dritte weitergegeben werden. Die Einwilligung des Betroffenen ist für diese Weitergabe nicht erforderlich, es bedarf jedoch einer behördlichen Genehmigung. Zur Durchführung epidemiologischer Studien ist die Befragung Betroffener und Dritter zulässig. Vorgesehen ist schließlich die Übermittlung anonymisierter Daten an eine - damals noch nicht eingerichtete - Stelle, die bundesweit Patientendaten sammelt und auswertet.

II. Neuorientierung nach dem Volkszählungsurteil: Einwilligung der Patienten als Grundlage personenbezogener Krebsregistrierung

Nach dem Volkszählungsurteil[174] des Bundesverfassungsgerichts gab Hamburg eine neue Richtung in der bevölkerungsbezogenen Krebsregistrierung vor: das grundsätzliche Erfordernis der Einwilligung in die Meldung personenbezogener Daten und in ihre Weitergabe durch das Krebsregister. Wenig später wurde in Nordrhein-Westfalen eine Einwilligungslösung ohne Ausnahmen verabschiedet:

In Hamburg[175] wurden ab etwa 1926 im Rahmen eines neugegründeten „Krebsfürsorgedienstes", der später als „Nachgehender Krankenhilfsdienst" von der Gesundheitsbehörde übernommen wurde, nicht mehr nur Todesfälle, sondern auch Neuerkrankungen von den Krankenhäusern gemeldet. Aufgabe des Nachgehenden Krankenhilfsdienstes war an sich die Versorgung und Betreuung Krebskranker im Anschluß an einen Krankenhausaufenthalt, das Krebsregister entstand als Nebenprodukt der klinischen Arbeit. Im zweiten Weltkrieg wurde die Erfassung unterbrochen. Der Wiederaufbau des Registers begann 1952 in Zusammenarbeit der Gesundheitsbehörde mit dem Statistischen Landesamt, eine rechtliche Grundlage für die Meldungen gab es zunächst nicht. Am 1. Januar 1985 trat das *Hamburgische Krebsregistergesetz (HmbKrebsRG)* in Kraft. Grundsätzlich besteht danach eine Befugnis zur Meldung personenbezogener Daten in Hamburg nur bei entsprechender Einwilligung des Patienten. In bestimmten Ausnahmefällen dürfen personenbezogene Daten jedoch auch ohne Einwilligung gemeldet werden.

Das *Nordrhein-Westfälische Krebsregistergesetz* trat in demselben Jahr in Kraft[176]. Auch hier sind ausnahmsweise Meldungen ohne Einwilligung des Patienten zulässig. Der Unterschied: Während in Hamburg auch in diesen

---

[174] BVerfGE 65, 1
[175] nach: Haartje, Das Hamburgische Krebsregister im Umbruch, in: Krebs in Hamburg, hrsg. 1991, S. 9 ff.; ders., Geschichte des Hamburgischen Krebsregisters, in: Hamburger Krebsdokumentation 1989-1991, hrsg. 1995
[176] Die Regelungen gingen 1994 als §§ 15 ff. im Nordrhein-Westfälischen Gesetz zum Datenschutz im Gesundheitswesen (GDSG NW) auf.

Ausnahmefällen personenbezogen gemeldet werden darf, beschränkt sich in Nordrhein-Westfalen die Befugnis zur Meldung auf einen Katalog sog. statistisch- epidemiologischer Angaben, die Identität des Betroffenen wird nicht genannt.

III. Exkurs I: Bevölkerungsbezogene Krebsregistrierung in der DDR

In der Deutschen Demokratischen Republik (DDR) ist die Entwicklung ganz anders verlaufen. Bereits 1953 war hier ein landesweites bevölkerungsbezogenes Krebsregister eingerichtet worden, das „Nationale Krebsregister der DDR"[177]: Der behandelnde oder die Todesursache feststellende Arzt war verpflichtet, jede (Verdachts-) Diagnose, Metastasierung und jeden Todesfall einer krebskranken Person zu melden. Es gab fünf Arten von Meldebögen; der erste (Formular A) war unverzüglich nach Feststellung einer Erkrankung oder eines Krankheitsverdachts abzuschicken, die übrigen jeweils innerhalb von 14 Tagen nach Abschluß der Erstbehandlung, Zusatzbehandlung, Kontrolluntersuchung oder Obduktion. Alle Meldebögen enthielten die im Personalausweis angegebene Personenkennzahl sowie Namen und Anschrift des Betroffenen, diese Informationen durfte das Register auch Dritten zur Verfügung stellen. Die Krebsregistrierung erfolgte ohne Wissen der Betroffenen.

Mit ihrem Beitritt galt gemäß Art. 8 des Einigungsvertrages (EinigungsV) auch in den bisherigen Ländern der DDR das Recht der Bundesrepublik Deutschland. Es war daher zu entscheiden, wie mit den Datenbeständen des Nationalen Krebsregisters verfahren werden sollte. Eine bundesgesetzliche Meldepflicht für Krebserkrankungen gab es in der Bundesrepublik Deutschland nicht. Zu denken war an eine Fortgeltung früherer DDR-Gesetze: Als Bundesrecht bestanden gemäß Art. 9 Abs. 2 EinigungsV[178] einige Meldepflichten fort - das Nationale Krebsregister war dabei jedoch nicht berücksichtigt worden. Die Fortgeltung von DDR-Normen als Landesrecht wäre nach Art. 9 Abs. 1 Satz 1 des EinigungsV unter drei Voraussetzungen zulässig gewesen:

---

[177] Rechtsgrundlage der Registrierung war die Verordnung zur Verbesserung der Behandlung von Geschwulsterkrankungen (GBl DDR I vom 16.6.1956) iVm. § 6 Statistikgesetz der DDR und der Anlage der Liste der Einzelerhebungen (Verfügungen und Mitteilungen des Ministeriums für Gesundheitswesen vom 25.2.1987)

[178] iVm. Anlage II, Kap. XVIII

(1) Nach der Kompetenzordnung des Grundgesetzes müßte es sich bei dem zu regelnden Bereich um Landesrecht handeln - das Bundeskrebsregistergesetz trat erst 1995 in Kraft, unabhängig von der Bewertung der Krebsregistrierung als Maßnahme iSd. Art. 74 Nr. 19 GG wäre im fraglichen Zeitpunkt eine Regelung durch Landesrecht in Betracht gekommen.
(2) Der Einigungsvertrag bestimmt nichts anderes - tatsächlich waren dem Regelungswerk keine entgegenstehenden Vorschriften zu entnehmen.
(3) Die Regelungen sind mit dem Grundgesetz vereinbar - die DDR-Vorschriften verpflichteten aber zur personenbezogenen Meldung und erlaubten die weitere Datenverarbeitung in jedem Fall ohne Wissen und Interventionsmöglichkeiten der Patienten, eine heimliche Datenverarbeitung also, die unter der Geltung des Grundgesetzes in bestimmten Fällen für nachrichtendienstliche, jedoch nicht für Zwecke epidemiologischer Forschung zulässig ist.

IV. Exkurs II: „Sicherung" und Verarbeitung der Daten des Nationalen Krebsregisters nach dem Beitritt der „neuen" Länder

Damit hatten die in Betracht kommenden Regelungen der ehemaligen DDR keinen Fortbestand in der Bundesrepublik. Mangels rechtlicher Grundlage für die Verarbeitung der im „Nationalen Krebsregister" gesammelten Daten hätte der gesamte Bestand unverzüglich anonymisiert oder gelöscht werden müssen. Der politische Wille war jedoch ein anderer: Wegen der Vollständigkeit und der Dauer der Registrierung galt die Sammlung des „Nationalen Krebsregisters" als unbedingt erhaltenswert. Der Erhalt hätte als Eingriff in das Selbstbestimmungsrecht der erfaßten Patienten eines Parlamentsgesetzes bedurft. Hierauf wurde jedoch, vermutlich wegen der erst 1994 zurückgestellten Streitigkeiten hinsichtlich der Gesetzgebungskompetenz, zunächst verzichtet. Statt dessen trat am 1.1.1992 ein Verwaltungsabkommen zwischen dem Bundesminister für Gesundheit und den zuständigen Ministerien der neuen Bundesländer sowie Berlin in Kraft. Darin wurde, zur „Sicherung" der Datensammlung und um „deren spätere Entflechtung zu ermöglichen", beschlossen, das Register bis zum 31.12.1992 weiterzuführen. Das damalige Bundesgesundheitsamt (BGA) sollte im Wege der Organleihe alle beim „Nationalen Krebsregister" vorhandenen Unterlagen, die personenbezogene Daten enthielten, organisatorisch und räumlich getrennt von anderen Unterlagen in Verwahrung nehmen und sie gegen unbefugten Zugriff sichern. Das BGA sollte auch die ab 1.1.1992 erstatteten Meldungen entgegennehmen und in gleicher Weise verwahren und sichern[179].

Am 30.12 1992, fast ein Jahr nach Abschluß des Verwaltungsabkommens, trat das *Krebsregistersicherungsgesetz (KRSiG)* in Kraft[180]. Zu jener Zeit lag der größte Teil der Daten ausschließlich in Form der ursprünglichen, schriftlichen Meldeunterlagen vor, in einigen Fällen waren verschiedene Teile der Originalmeldungen zusätzlich automatisiert gespeichert worden[181]. Das KRSiG sollte zum einen die aufgrund des Abkommens in Verwahrung genommenen Daten des „Nationalen Krebsregisters" sichern, zum anderen bis zum 31.12.1994 die Grundlage für die Fortführung des Gemeinsamen Krebsregisters der neuen Bundesländer und Berlins (GKR) bilden[182].

Das KRSiG erlaubte Ärzten und Zahnärzten eine Meldung nur noch mit Einwilligung des Patienten[183]. Jede Meldung erfolgte personenbezogen, schriftlich oder auf elektronischen Datenträgern, und war auf katalogmäßig festgelegte Daten beschränkt. Zu diesen Daten gehörten auch Angaben über Krebserkrankungen bei Blutsverwandten[184]. Die Identität dieser Blutsverwandten dürfte aufgrund der Informationen über das Verwandtschaftsverhältnis regelmäßig bestimmbar gewesen sein, dennoch erfolgte die Registrierung ohne ihre Einwilligung, nicht einmal die Unterrichtung über die Registrierung ihrer Erkrankung im Zusammenhang mit einem verwandten Patienten war vorgesehen.

Unabhängig davon, ob die Meldungen vor oder nach Inkrafttreten des KRSiG erfolgt waren, war das BGA, weiterhin im Wege der Organleihe tätig[185], verpflichtet, alle in automatisierter Form vorliegenden Datensätze getrennt nach dem gesetzlich festgelegten Katalog von Identitäts- und epidemiologischen Daten zu speichern[186] und anschließend den Ausgangsbe-

---

[179] Ziffer 1 des Verwaltungsabkommens
[180] BGBl I vom 29.12.92, S. 2335 ff
[181] BTDrs. 12/3198, S. 8
[182] § 1 Abs. 1 KRSiG
[183] § 6 Abs. 2 KRSiG. Nach dem Tode des Patienten bedurfte es zur Meldung der Einwilligung seines nächsten Angehörigen, die Reihenfolge der Angehörigen war gesetzlich festgelegt.
[184] § 2 Abs. 1,2 KRSiG
[185] § 9 KRSiG
[186] § 3 Abs. 2 KRSiG

stand zu löschen[187]. Beiden Datengruppen wurde jeweils ein Ordnungsmerkmal, bestehend aus dem Geburtsdatum des Patienten und einer aus seinem Vor- und Nachnamen abgeleiteten vierstelligen Zahl, hinzugefügt[188], anhand dessen das Register fortgeschrieben werden sollte. Die Verarbeitung der in schriftlicher Form vorliegenden Daten war abhängig vom Zeitpunkt der Meldung: Unterlagen von Meldungen, die das BGA nach Inkrafttreten des KRSiG erhalten hatte, waren nach getrennter automatisierter Speicherung unverzüglich zu löschen, das galt auch für Meldungen, die zwischen dem 1.1.1990 - vom 3.10.1990 an also ohne spezialgesetzliche Grundlage - und dem Inkrafttreten des KRSiG eingegangen waren[189]. Ein ganz anderes Verfahren war für schriftliche Unterlagen von Patienten, die vor dem 1.1.1990 gemeldet worden waren, vorgesehen: Die Originalmeldungen galten grundsätzlich als gesperrt, sie durften nur mit schriftlicher Einwilligung des Patienten genutzt werden. Von einer Löschung dieser Daten wurde abgesehen, da ihr Vorhandensein als sehr wichtig für spätere wissenschaftliche Analysen erachtet wurde[190]. In der Begründung wird jedoch auch darauf verwiesen, daß die schriftlichen Unterlagen für mögliche Schadensersatzprozesse der Betroffenen benötigt werden könnten, da Krankenakten im Zuge der Auflösung von Polikliniken teilweise vernichtet, teilweise von Ärzten, die sich niederlassen wollten, in die eigene Praxis mitgenommen worden seien[191]. Die Weitergabe personenbezogener Daten bedurfte der gesonderten Einwilligung des Patienten[192], diese mußte über den meldenden oder zur Zeit behandelnden Arzt eingeholt werden.

Der geltende Staatsvertrag über das Gemeinsame Krebsregister der Länder Berlin, Brandenburg, Mecklenburg-Vorpommern, Sachsen-Anhalt und der Freistaaten Sachsen und Thüringen (StV) erlaubt bis zum 31.12.1999 die Übernahme der Meldebögen aus den Jahren 1961-89 auf elektronische Datenträger[193], für Meldebögen aus den Jahren 1990-94 mußte dieser Vor-

---

[187] § 7 lit. 1 KRSiG
[188] § 2 Abs. 3 KRSiG
[189] § 7 lit. b KRSiG
[190] BTDrs. 12/3198, S. 8
[191] BTDrs. 12/3198, S. 8. Dieses Argument entspricht der Regelung des § 35 Abs. 3 Nr. 2 BDSG, wonach an die Stelle einer Löschung die Sperrung tritt, wenn Grund zu der Annahme besteht, daß durch eine Löschung schutzwürdige Interessen des Betroffenen beeinträchtigt werden könnten.
[192] § 8 Abs. 2 Satz 2 KRSiG
[193] Art. 6 Abs. 3 StV

gang bereits am 31.12.1997 abgeschlossen werden[194]. Die übernommenen Daten sind nach identifizierenden und epidemiologischen Angaben zu trennen, die identifizierenden Daten werden verschlüsselt. Anschließend dürfen die Datensätze nach Maßgabe des KRG verarbeitet und genutzt werden[195].

V. Meldung mit verschlüsselten Identitätsdaten

Die bisherige Registergesetzgebung in der Bundesrepublik gewährleistete keine für Deskription wie Analyse gleichermaßen geeignete Datenverarbeitung; war die Registrierung infolge Verzichts auf die Einwilligung des Betroffenen bei guter Zusammenarbeit mit den meldenden Ärzten hinreichend vollständig, durften keine personenbezogenen Daten weitergegeben und keine Befragungen durchgeführt werden, war dieses aufgrund der Einwilligung der Betroffenen möglich, so war die Vollständigkeit der Deskription nicht gesichert. Epidemiologen haben stets betont, ihr Interesse gelte nicht der Identität, sondern der Individualität des Betroffenen, benötigt würden nicht personen-, sondern lediglich fallbezogene Daten. Die Idee: Ersatz identifizierender Daten durch eine individuelle Kennung, die die Individualität der Daten, den Fallbezug, gewährleistet, dabei jedoch die Identität des Betroffenen nicht erkennen läßt.

Mit der Meldung verschlüsselter Patientendaten beschritt Baden-Württemberg 1994 einen neuen Weg der Krebsregistrierung. „Ich sehe hier die Möglichkeit, den Datenzugang für die Forschung durch Einsatz der modernen Informationstechnologie zu erleichtern und zugleich den Persönlichkeitsschutz erheblich zu verbessern"[196], kommentierte die Datenschutzbeauftragte Leuze ihren Vorschlag, der dem *Baden-Württembergischen Landeskrebsregistergesetz (BW LKrebsRG)* zugrundeliegt. Kern ihres Konzeptes: Mit Hilfe eines Computers verschlüsseln die Ärzte vor einer Meldung Namen, Geschlecht und Geburtsdatum des Patienten zu einem nichtsprechenden Code, dem sog. Meldeschlüssel. Alle Ärzte benutzen hierfür dieselbe Codierungsmethode, so erhält jeder Patient, egal, welche Stelle ihn meldet, stets denselben Code[197]. Die verschlüsselte Meldung bedarf nicht

---

[194] Art. 6 Abs. 2 StV
[195] Art. 6 Abs. 1 StV
[196] 5. Tätigkeitsbericht LfD BW, S. 39
[197] 5. Tätigkeitsbericht LfD BW, S. 37 f.

der Einwilligung des Patienten, auch eine Unterrichtung ist nicht vorgesehen. Grundsätzlich nur mit Einwilligung der Betroffenen darf das Krebsregister Dritten Informationen preisgeben, anhand derer sich medizinisch relevante Daten Probanden zuordnen lassen, die in ein bestimmtes Forschungsvorhaben einbezogen sind[198].

VI. Verschlüsselung erst nach der Meldung

Bei der dezentralen Verschlüsselung ist der Rückgriff auf den Patienten nur über den meldenden Arzt möglich. Diesen „Umweg" vermeidet die personenbezogene Registrierung mit zentraler Verschlüsselung identifizierender Patientendaten, ein Verfahren, das 1991 von Michaelis vorgeschlagen wurde[199]: Meldungen erfolgen personenbezogen. An der Registrierung sind zwei Stellen beteiligt: die Vertrauensstelle (ursprgl. „Treuhandstelle") verschlüsselt die identifizierenden Angaben und gibt die errechnete Kennung zusammen mit den medizinisch relevanten Daten an die Registerstelle weiter. Anschließend löscht die Vertrauensstelle alle ihr vorliegenden Daten des Patienten. Die Registerstelle verarbeitet die medizinischen Daten unter dem dazugehörigen Identitätscode. Realisiert wurde das Michaelis-Modell im *Krebsregistergesetz des Bundes (KRG)*, in Kraft getreten am 1.1.1995. Ärzte sind zur Meldung berechtigt, der Patient hat gegenüber der beabsichtigten oder bereits erfolgten Meldung ein Widerspruchsrecht, auf das er hinzuweisen ist.

Mittlerweile haben fast alle Bundesländer - Hessen[200] und Niedersachsen stehen derzeit noch aus - Ausführungsgesetze zum KRG oder Landeskrebsregistergesetze erlassen. Von der Befugnis, bestimmte Bereiche abweichend vom KRG zu regeln, haben Schleswig-Holstein, Sachsen und Mecklenburg-Vorpommern Gebrauch gemacht, indem sie eine ärztliche Meldepflicht statuierten. Die zugrundeliegenden Interessenabwägungen sind dabei jedoch ungefähr entgegengesetzt ausgefallen: Ärzte sind nach

---

[198] § 9 Abs. 3 S. 1 LKrebsRG BW
[199] Michaelis, vervielfältigter Entwurf vom 20.9.1991
[200] Stand bei Fertigstellung dieser Arbeit Mitte Oktober 1998. Am 1.11.1998 ist das Hessische Gesetz zur Ausführung des Krebsregistergesetzes in Kraft getreten, der dieser Arbeit zugrunde liegende Entwurf vom 5.6.1998 wurde im Wesentlichen übernommen.

dem *Schleswig-Holsteinischen Ausführungsgesetz (S-H AGKRG)*[201] nur mit Einwilligung des Patienten zur personenbezogenen Meldung berechtigt. Verweigert der Patient die Zustimmung zur personenbezogenen Meldung, soll der Arzt ihn um Zustimmung bitten zu einer Reidentifizierung dergestalt, daß die Meldung anonym erfolgt, unter bestimmten, gesetzlich festgelegten Voraussetzungen jedoch Namen und Anschrift des Betroffenen vom Arzt an die Vertrauensstelle und von dieser an Dritte übermittelt werden dürfen[202]. Das *Sächsische Ausführungsgesetz (Sächs KRGAG)* wie auch das *Ausführungsgesetz Mecklenburg-Vorpommerns (KrebsRAG MV)* sehen dagegen eine ausnahmslos personenbezogene Meldung vor, anders als nach dem KRG wird den Patienten auch kein Widerspruchsrecht zugestanden[203].

Das KRG enthält endlich auch eine Rechtsgrundlage für die Dachdokumentation Krebs[204]. Diese Stelle sammelt und verarbeitet schon seit Jahren epidemiologische Daten, die von den einzelnen Krebsregistern gemeldet werden, um länderübergreifend Aussagen über das Krebsgeschehen machen zu können.

VII. Exkurs III: Gesetzgebungskompetenz

Eine bundesrechtliche Regelung über die Errichtung und Führung von Krebsregistern galt jahrelang als nicht konsensfähig, da diese nach Ansicht der meisten Länder nicht durch die Gesetzgebungskompetenz nach Art. 74 Nr. 19 GG gedeckt war. Danach ist der Bund zum Erlaß eines Krebsregistergesetzes nur dann befugt, wenn es sich dabei um eine „Maßnahme gegen gemeingefährliche und übertragbare Krankheiten bei Menschen und Tieren" handelt und ein Bedürfnis nach einer bundeseinheitlichen Regelung besteht[205]. Die Bundesregierung vertrat die Auffassung, Krebs gehöre zwar nicht zu den übertragbaren, aufgrund der hohen Morbidität und Mortalität jedoch zu den gemeingefährlichen Krankheiten[206]. Über die Gemein-

---

[201] ähnlich der Hessische Entwurf
[202] § 3 Abs. 6 AGKRG
[203] § 3 Abs. 5 S. 2 SächsKRGAG
[204] ursprünglich beim Bundesgesundheitsamt angesiedelt, seit der Auflösung dieses Amtes beim Robert-Koch-Institut in Berlin
[205] Art. 72 Abs. 2 GG
[206] BTDrs. 12/6478, S. 12 unter Hinweis auf v. Münch in: v. Münch, GG, Bd. 3, 2.

gefährlichkeit von Krebserkrankungen habe bereits im Parlamentarischen Rat Einvernehmen bestanden. Dort war bei den Beratungen im Ausschuß für Zuständigkeitsabgrenzung die im Herrenchiemseer Verfassungskonvent vorgeschlagene Formulierung: „gemeingefährliche Krankheiten und Tierseuchen" zunächst in „Schutz von Menschen und Tieren gegen Krankheiten und Seuchen" geändert worden. Die jetzige Formulierung wurde nach einer Empfehlung des Abgeordneten Dr. Strauß gewählt, der erklärt hatte: „Seuchen sind Epidemien. Und gemeingefährliche Krankheiten brauchen nicht unbedingt Seuchen zu sein. Beispielsweise ist Syphillis keine Seuche. Krebs ist nicht ansteckend, aber eine gemeingefährliche Krankheit."[207] Aus dieser Entstehungsgeschichte des Art. 74 Nr. 19 GG ergebe sich auch, daß die Formulierung „gemeingefährliche und übertragbare Krankheiten" entgegen dem Wortlaut nicht kumulativ, sondern alternativ zu verstehen sei. Sie erlaube Maßnahmen gegen Krankheiten, die gemeingefährlich oder übertragbar sind und bei Menschen oder Tieren auftreten[208]. Die Einrichtung von Krebsregistern sei eine „Maßnahme" iSd. Art. 74 Nr. 19 GG. Der Begriff „Maßnahme" sei nicht auf polizeirechtliche Tätigkeiten beschränkt, sondern umfasse sowohl die Bekämpfung als auch die Vorbeugung von Krankheiten, beidem diene die Krebsregistrierung[209]. Schließlich bestünde auch ein Bedürfnis nach bundeseinheitlicher Regelung, da in der gesamten Bundesrepublik eine flächendeckende Registrierung mit einem einheitlichen Melde- und Registrierverfahren erforderlich sei[210].

Dem widersprach der Bundesrat: Der Begriff der „gemeingefährlichen Krankheiten" sei so auszulegen, wie er in den 1949 geltenden Rechtsvorschriften gebraucht wurde. Damals seien als „gemeingefährlich" besonders schwerwiegende, übertragbare Krankheiten bezeichnet worden. Vorliegend handele es sich jedoch nicht um eine übertragbare und deshalb auch nicht

---

Aufl., Art. 74, Rz. 84; Rengeling in: Isensee/Kirchhoff, Hdb. d. Staatsrechts, Bd. 4, 1990, S. 814

[207] v. Doemming/ Füsslein/Matz: Entstehungsgeschichte der Artikel des Grundgesetzes, JÖR 1, 1951, S. 539 f.

[208] BTDrs. 12/6478, S. 12 23, unter Verweis auf JÖR Band 1 (1951), S. 539 ff.; v. Münch in: v. Münch GG Bd. 3 Art. 74 Rz. 84; Rengeling in: Isensee/Kirchhoff Handbuch Bd. 4, S. 814. So auch Schefold GADrs. 12/788.

[209] Begründung aaO unter Verweis auf JÖR aaO; v. Mangoldt/Klein GG Bd. II, 2. Auflage 1964, Art 74 Anm. XXXV 2a S. 1639; Maunz in: M/D/H/S GG Art. 74 Rz. 211

[210] BTDrs. 12/6478, S. 12, 25 f.

um eine gemeingefährliche Krankheit im Sinne des Art. 74 Nr. 19 GG[211]. Auch sei Krebsregistrierung keine „Maßnahmen" iSd. Art. 74 Nr. 19 GG, da sie sich nicht unmittelbar gegen die Krankheit richte, sondern lediglich dazu diene, Erkenntnisse zu gewinnen, um Krankheiten zukünftig besser verhüten zu können. Schließlich bestünde auch kein Bedürfnis zu einer bundesweiten Regelung iSd. Art. 72 Abs. 2 GG, insbesondere sei es nicht vertretbar, ein für alle Bundesländer einheitliches Meldeverfahren einzuführen, dessen Funktionsfähigkeit nicht erprobt sei und dafür bestehende Krebsregister in ihrer Existenz zu gefährden[212]. Der Bundesrat ist von seiner Position nicht ausdrücklich abgerückt. Die besondere Gestaltung des Krebsregistergesetzes ermöglichte es den Ländern jedoch, ihre Bedenken zurückzustellen: Das Bundesgesetz sieht nicht die Einrichtung eines bundesweiten Krebsregisters auf der Basis personenbezogener Daten vor, sondern verpflichtet die Länder zur Einrichtung bevölkerungsbezogener Krebsregister. Technisch enthält das Bundesgesetz nicht nur ein „Verfallsdatum", d.h. es tritt mit Ablauf des 31.12 1999 außer Kraft. Wesentliche Regelungen fallen auch unter die sog. Öffnungsklausel, d.h. sie können von den Ländern abweichend geregelt werden. Der Bremer Datenschutzbeauftragte : „Aus Sicht des Datenschutzes ist das Ergebnis widersprüchlich: Einerseits regelt das Gesetz die Erhebung und den Umgang mit den registrierten Daten krebskranker Menschen minutiös und skrupulös. Auf der anderen Seite ist ein Großteil der Regelungen unter den Vorbehalt abweichender Länderregelungen gestellt und die Geltung des Gesetzes bis zum 31.12.1999 befristet - eine bislang wohl einzigartige Kompromißkonstruktion".[213]

Wenig beachtet wurde bisher die Gesetzgebungskompetenz im Hinblick auf die ärztliche Schweigepflicht, die bei einer Meldung personenbezogener Daten ohne Einwilligung des Patienten durchbrochen wird. Die ärztliche Schweigepflicht beruht auf entsprechenden Regelungen in den ärztlichen Berufsordnungen der Länder. § 9 der Musterberufsordnung für die deutschen Ärztinnen und Ärzte lautet:
„(1) Der Arzt hat über das, was ihm in seiner Eigenschaft als Arzt anvertraut oder bekannt geworden ist - auch über den Tod des Patienten hinaus -

---

[211] BRDrs. 669/93, S. 1 unter Verweis auf das Gesetz betreffend die Bekämpfung gemeingefährlicher Krankheiten vom 30. Juni 1900, RGBl.I S. 306; Verordnung zur Bekämpfung übertragbarer Krankheiten vom 1. Dezember 1938, RGBl. I S. 1721
[212] BR-Drs. aaO.
[213] 18. Tätigkeitsbericht, S. 28

zu schweigen. Dazu gehören auch schriftliche Mitteilungen des Patienten, Aufzeichnungen über Patienten, Röntgenaufnahmen und sonstige Untersuchungsbefunde.
(2) Der Arzt ist zur Offenbarung befugt, soweit er von der Schweigepflicht entbunden worden oder soweit die Offenbarung zum Schutze eines höherwertigen Rechtsgutes erforderlich ist. [...]".

Die ärztliche Schweigepflicht ist strafprozessual abgesichert vor allem durch § 203 I Nr.1 StGB und § 53 Abs.1 StPO. Diese Vorschriften stehen jedoch nicht zur Disposition des Landesgesetzgebers, insofern ist die Kompetenz der Länder in der Krebsregistrierung jedenfalls in den Fällen zweifelhaft, in denen eine Meldung personenbezogener Daten ohne Einwilligung des Patienten vorgesehen ist[214].

Ergebnis: Die Befugnis zur Durchbrechung der Schweigepflicht kann nicht landesrechtlich geregelt werden. Andererseits ist die Befugnis des Bundes zur Regelung der Krebsregistrierung zweifelhaft. Das Prinzip des KRG, die Schaffung einer bundesgesetzlichen Regelung, die Ärzte zur Meldung berechtigt, bestimmte Einzelheiten jedoch dem Landesgesetzgeber überläßt, dürfte ein geeigneter Kompromiß sein.

---

[214] 3. Tätigkeitsbericht BW LfD, S. 26

Kapitel 6

Quervergleich: Modelle bevölkerungsbezogener Krebregistrierung

Welche Modelle bevölkerungsbezogener Krebsregistrierung sind denkbar, wie groß ist ihr Nutzen für die epidemiologische Krebsforschung einerseits, wie stark beschränken sie andererseits das Selbstbestimmungsrecht der Patienten, welche Probleme ergeben sich in der Praxis der Krebsregistrierung?

I. Träger

Träger bevölkerungsbezogener Krebsregister können öffentliche oder nicht-öffentliche Stellen sein. Der Umgang mit personenbezogenen Daten ist unterschiedlich geregelt: Während die Datenschutzgesetze bei nicht-öffentlichen Stellen nur die Verwendung dieser Daten in oder aus Dateien erfassen[215], erstrecken sie sich bei öffentlichen Stellen auch auf ihre Verwendung in oder aus Akten und Aktensammlungen. Abweichungen gibt es auch hinsichtlich der Sicherung des ordnungsgemäßen Umgangs mit personenbezogenen Daten: Zur Einhaltung der Datenschutzvorschriften verfügen sowohl öffentliche ols auch nicht-öffentliche Stellen über interne und externe Kontrollsysteme. Bei öffentlichen Stellen folgt die Pflicht zur Eigenkontrolle bereits aus dem Grundsatz gesetzmäßigen Verhaltens der Verwaltung[216], im nicht-öffentlichen Bereich sind Bestellung und Aufgaben interner Datenschutzbeauftragter gesetzlich festgelegt[217]. Danach besteht die Pflicht zur Bestellung eines betrieblichen Datenschutzbeauftragten, wenn in der Regel ständig mindestens fünf Arbeitnehmer mit der automatisierten Verarbeitung oder mindestens 20 Arbeitnehmer mit der nicht-

---

[215] § 1 Abs. 2 Nr. 3 BDSG
[216] Art. 1 Abs. 3 GG
[217] Das BDSG gilt für die Erhebung, Verarbeitung und Nutzung personenbezogener Daten durch nicht-öffentliche Stellen nur, soweit Daten in oder aus Dateien verarbeitet oder genutzt werden, anders als bei öffentlichen Stellen ist die Verwendung personenbezogener Daten in oder aus Akten grundsätzlich nicht erfaßt, § 1 Abs. 2 Nr. 3 BDSG.

automatisierten Verarbeitung personenbezogener Daten beschäftigt sind[218], Kapazitäten, die bevölkerungsbezogene Krebsregister nicht unbedingt erreichen werden. Zu den Aufgaben betrieblicher Datenschutzbeauftragter gehören insbesondere die Überwachung der ordnungsgemäßen Anwendung von Datenverarbeitungsprogrammen, die datenschutzrechtliche Schulung von Mitarbeitern, die mit der Verarbeitung personenbezogener Daten befaßt sind, sowie die Beratung der Geschäftsführung bei der Einstellung von Personen, die mit der Verarbeitung personenbezogener Daten befaßt werden sollen[219].

Die externe Kontrolle nimmt im öffentlichen Bereich der Datenschutzbeauftragte des jeweiligen Landes oder des Bundes wahr. Seine Tätigkeit, dargestellt am Beispiel des Bundesbeauftragten für den Datenschutz (BfD)[220], richtet sich danach, ob personenbezogene Daten in Dateien oder in Akten gespeichert sind. Bei der Speicherung in Akten ist der BfD nur zur Kontrolle befugt, wenn der Betroffene hinreichende Anhaltspunkte dafür vorlegt, daß er durch die Erhebung, Verarbeitung oder Nutzung seiner personenbezogenen Daten in seinen Rechten verletzt worden ist oder wenn der BfD auf andere Art, etwa durch Hinweise nicht betroffener Personen oder Zeitungsberichte hinreichende Anhaltspunkte für eine derartige Verletzung erlangt[221]. Bei der Speicherung in Dateien bedarf es dagegen keines konkreten Anlasses, der BfD darf hier jederzeit eine Kontrolle vornehmen. Anders die Aufsichtsbehörde, zuständig für den nicht-öffentlichen Bereich: Bevölkerungsbezogene Krebsregister verwenden personenbezogene Daten, um ihre Aufgabe, die Förderung epidemiologischer Krebsforschung zu erfüllen, d.h. für eigene Zwecke. Bei der Verarbeitung personenbezogener Daten für eigene Zwecke ist die Kontrolle zum einen auf die Phasen der Datenverarbeitung oder Nutzung beschränkt, die Erhebung ist dagegen nicht umfaßt, zum anderen bedarf jede Kontrolle eines konkreten Anlasses[222].

Die Konferenz der Datenschutzbeauftragten von Bund und Ländern hat in einem Beschluß von 1981 die Empfehlung ausgesprochen, Krebsregister in

---

[218] § 36 Abs. 1 BDSG
[219] § 27 Abs. 1 BDSG
[220] §§ 22 ff. BDSG, die Regelungen für die Landesbeauftragten entsprechen dem im Wesentlichen
[221] § 24 Abs. 1 S. 2 BDSG
[222] § 38 Abs. 1 BDSG

öffentlicher Trägerschaft zu führen[223]. Das KRG überläßt die Entscheidung über die Organisation des Krebsregisters den Ländern[224]. Maßgeblich für die Trägerschaft ist an sich weniger die Organisation als das datenschutzrechtliche Niveau der Einrichtung. Private Stellen kommen als Träger in Betracht, wenn sie denselben Regelungen wie die öffentlichen Stellen unterworfen werden. Geeignet ist hierfür eine Beleihung der privaten Stelle mit entsprechenden hoheitlichen Aufgaben, da Beliehene insoweit als öffentliche Stellen gelten[225]. Vorgesehen ist diese Möglichkeit in Bremen, Nordrhein-Westfalen, Rheinland-Pfalz und Schleswig-Holstein[226].

II. Zweck der Registrierung

Die Zulässigkeit der Sammlung und Verarbeitung personenbezogener Daten läßt sich nach den Ausführungen im Volkszählungsurteil nicht allein danach beurteilen, ob sie intime oder öffentliche Vorgänge betreffen, sondern vor allem nach dem Verwendungszusammenhang, der sich aus dem Zweck der Erhebung und der hierfür vorgesehenen Verarbeitung der Daten ergibt[227]. Grundsätzlich muß der Zweck daher vor einer Datenerhebung klar und eindeutig festgelegt sein. Folgende Zielsetzungen sind für eine bevölkerungsbezogene Krebsregistrierung denkbar:

A. Reine Forschungsdatenbank

Legitimer Zweck bevölkerungsbezogener Krebsregister ist die Sammlung von Patientendaten zur Deskription des Krebsgeschehens. Eine genauere Bestimmung der Forschungsvorhaben, die sich der Krebsregister bedienen, ist nicht erforderlich, würde daher die Nutzbarkeit der Daten auf diese Weise unnötig beschränkt. Legitim ist auch die Nutzung bevölkerungsbezogener Krebsregister, um einen Rückgriff auf Patienten zu ermöglichen,

---

[223] 4. Tätigkeitsbericht des BfD, S. 48 (49). Ausschließlich öffentliche Träger sind vorgesehen nach § 1 BW LKrebsRG; § 1 Abs. 1 HmbKrebsRG; § 3 S. 1 SKRG; § 1 Abs. 1 S. 1 SächsKRGAG
[224] § 1 Abs. 3 S. 2 KRG
[225] § 2 Abs. 4 S. 2 BDSG
[226] § 1 Abs. 3 S. 3 BremKRG; § 15 Abs. 1 S. 2 ,3 GDSG NW; § 2 Abs. 1 Rh-Pf LKRG;
§ 2 Abs. 2 SH AGKRG
[227] BVerfGE 65, 1 (45)

die im Rahmen epidemiologischer Analysen in konkrete Forschungsvorhaben einbezogen werden sollen. Bevölkerungsbezogene Krebsregister fungieren hier als Datenbanken, die zum Zwecke epidemiologischer Krebsforschung den Zugriff auf einzelne Fälle, gegebenenfalls auch auf die „dahinterstehenden" Personen ermöglichen.

B. Kombination von Verwendungszwecken

Zusätzlich zur Krebsepidemiologie sind weitere Verwendungsmöglichkeiten bevölkerungsbezogener Krebsregister denkbar. Fraglich ist, ob und wieweit eine Kombination zulässig ist. Das BVerfG hat in seiner Entscheidung zum Volkszählungsgesetz[228] eine Regelung, die zwei unterschiedliche Zwecke verknüpfen sollte – in der Entscheidung handelte es sich um statistische Zwecke einerseits, solche des Verwaltungsvollzugs andererseits – mit folgender Begründung für unzulässig erklärt: Die vorgesehenen Möglichkeiten der Datenverarbeitung seien für den Bürger undurchsichtig, die Regelung genüge also nicht dem Erfordernis der Normenklarheit. Die fehlende Klarheit verunsichere den Bürger, dadurch sei die Zuverlässigkeit der Angaben und damit ihre Eignung für statistische Zwecke gefährdet. Auch unterschieden sich die Zulässigkeitsvoraussetzungen der Erhebungen für statistische Zwecke einerseits, solche des Verwaltungsvollzugs andererseits. Regelungen, die dennoch beide Zwecke gleichzeitig verfolgten, erklärte das Gericht „jedenfalls dann" für untauglich, wenn sie „tendenziell Unvereinbares" miteinander zu verbinden suchten; in diesem Fall verstoße die Regelung nicht nur gegen das Erfordernis der Normenklarheit, sondern auch gegen den Grundsatz der Verhältnismäßigkeit[229].

Kriterien für das Vorliegen von Unvereinbarkeit nennt das Gericht nicht. Der wiedergegebenen Begründungsfolge läßt sich allenfalls entnehmen, daß die fehlende Eignung für einen der beiden Zwecke infolge unzuverlässiger Angaben, die infolge undurchschaubarer Regelungen gemacht worden sind, sowie unterschiedliche Erhebungsvoraussetzungen allein nicht die Unvereinbarkeit der Zwecke begründen, unklar bleibt auch die Verwendung des Begriffes „tendenziell", denn zwei Ziele sind entweder mit-

---

[228] BVerfGE 65, 1 (61 ff.)
[229] BVerfGE 65, 1 (61). Einzelheiten der Entscheidung, wie etwa die Frage, ob die Regelungen tatsächlich der erforderlichen Klarheit entbehrten, soll hier nicht erörtert werden.

einander vereinbar oder sie sind es nicht. Kern des Datenschutzes ist die Schaffung einer Datenverkehrsordnung, die "dem staatlichen und privaten Handeln im Bereich der Gewinnung, Verarbeitung und Verbreitung von Daten einen rechtlich verbindlichen Rahmen"[230] gibt, sich dabei an dem Ziel orientiert, zu verhindern, daß der Einzelne zum „bloßen Informationsobjekt"[231], zum „bloßen Gegenstand fremder Verfügung oder Kontrolle"[232] wird. Vor diesem Hintergrund dürfte die Kombination mehrerer Ziele nicht allein deshalb unzulässig sein, weil sie in der Weise gegensätzlich sind, daß die Förderung oder Erreichung des einen Ziels die Erreichung des anderen Ziels be- oder verhindert[233]. Auch unterschiedliche Voraussetzungen und Modalitäten der Datenverwendung begründen nicht die Unvereinbarkeit der Kombination, solange die jeweiligen Regelungen eingehalten werden. Unvereinbarkeit zweier an sich legitimer Zwecke dürfte nur dann vorliegen, wenn der Einzelne gerade dadurch, daß die für den einen Zweck erhobenen Daten auch für den anderen Zweck verwendet werden, herabgewürdigt wird[234]. Verbreitete Kombinationen im Bereich bevölkerungsbezogener Krebsregister sollen im folgenden untersucht werden:

1.) Forschung und Gesundheitsverwaltung

Als Aufgaben bevölkerungsbezogener Krebsregister beschreiben Epidemiologen auch solche der Gesundheitsverwaltung. Die Ermittlung der Prävalenz gilt als „unerläßliche Voraussetzung für die Planung bedarfsgerechter Infrastrukturen des öffentlichen Gesundheitswesens, der ärztlichen Versorgung einschließlich der Einrichtung von Tumorzentren", die Ermittlung von Risikofaktoren und Risikogruppen als besonders wichtig „für die ärztliche Versorgung und die öffentliche Gesundheitsfürsorge"[235].

Das KRG enthält eine für alle Bundesländer verbindliche[236] Mindestbestimmung von Zweck und Aufgaben der Register: „Zur Krebsbekämpfung,

---

[230] Kloepfer, Gutachten zum 62. Deutschen Juristentag, S. 92 f.
[231] BVerfGE 65, 1 (48)
[232] Bull, Neue Konzepte, neue Instrumente?, ZRP 98, 310 (312)
[233] Schneider, DÖV 84, 161 (163), mit Beispielen aus anderen Rechtsbereichen
[234] Bull, ZRP 98, 310 (314) empfiehlt eine Abkehr vom - ausgehöhlten - Regel-Ausnahme-Prinzip bei der Zweckänderung, statt dessen sollten bestimmte Formen der Zweckänderung ausdrücklich untersagt werden.
[235] Memorandum BÄK, S. 16
[236] Die Länder dürfen weitere Einzelheiten der Auswertung sowie zusätzliche For-

insbesondere zur Verbesserung der Datengrundlage für die Krebsepidemiologie" haben bevölkerungsbezogene Krebsregister „das Auftreten und die Trendentwicklung aller Formen von Krebserkrankungen zu beobachten, insbesondere statistisch-epidemiologisch auszuwerten, Grundlagen der Gesundheitsplanung sowie der epidemiologischen Forschung einschließlich der Ursachenforschung bereitzustellen [...]"[237]. Neben der Krebsepidemiologie sollen die Register danach der Gesundheitsverwaltung dienen. Sofern sich die Gesundheitsverwaltung auf die Verbesserung medizinischer Einrichtungen und Versorgung beschränkt, ist dieses für den zu registrierenden Patienten eventuell von Nutzen, allenfalls folgenlos. Zu diesem Zweck bedarf es jedoch nicht der ständigen Inzidenzerfassung im Wege personenbezogener epidemiologischer Krebsregistrierung; die Planung medizinischer Infrastruktur erfolgt langfristig, nicht als Reaktion auf festgestellte Cluster, ausreichend ist daher die Verwendung aggregierter Daten, die die Krebsregister im Rahmen der Routineberichterstattung veröffentlichen oder auf Anfrage ermitteln dürfen.

Angesichts steigender Kosten im Bereich der medizinischen Versorgung kann Gesundheitsverwaltung jedoch auch den gezielten Zugriff auf registrierte Patienten beinhalten, um sie für Behandlungskosten ihrer als durch Rauchen, Ernährung oä. möglicherweise selbst verschuldet geltenden Krebsart heranzuziehen. Auf diese Weise würde zum einen die Allgemeinheit in geringeren Maße mit Behandlungskosten belastet, zum anderen könnte dieses Verfahren der Abschreckung und damit der Krebsprävention dienen. Derartige Erwägungen sind jedoch außerordentlich zynisch. Sie widersprechen dem Prinzip der Solidargemeinschaft, auf dem auch die Krankenversicherungen basieren[238], auch könnte auf diese Weise jedes Verhalten, von dem nicht ganz auszuschließen ist, daß es im Zusammenhang mit einer Krebs- oder sonstigen Erkrankung steht, unterbunden werden. Unabhängig von dieser Frage ist eine Verknüpfung deshalb unverhältnismäßig, weil dem Patienten die zwangsweise Erfassung und Verarbeitung seiner Daten zur Erforschung von Krebsursachen, also ausschließlich zugunsten Dritter, nicht zugemutet werden kann, wenn er „im Gegenzug" für sein eigenes Leiden haftbar gemacht oder anderen Belastungen ausgesetzt wird.

---

schungsaufgaben benennen, § 13 Abs. 1 Nr. 2 KRG
[237] § 1 Abs. 1 S. 1, Abs. 2 S. 1 KRG
[238] Tinnefeld/Ehmann, Einführung, S. 27

2.) Forschung und Überwachung

Einige Landeskrebsregistergesetze weisen ihren Krebsregistern weitere Funktionen zu. So findet im Saarland bevölkerungsbezogene Krebsregistrierung statt zur „Überwachung der Krebserkrankungen in der [...] Bevölkerung und für die Zwecke der epidemiologischen Krebsforschung"[239] - epidemiologische Forschung und Überwachung scheinbar gleichwertig nebeneinander. Sinn und Zweck der Überwachungsfunktion nennt das Gesetz nicht, eine selbstzweckhafte Einsichtnahme in persönliche Verhältnisse der Bürger ist jedoch nicht zulässig[240]. Allerdings gilt eine Ausnahme vom Grundsatz der zweckgebundenen Erhebung personenbezogener Daten, wenn die Verwendung ausschließlich statistischen Zwecken dienen soll. Die Planung staatlicher Aufgabenerfüllung ist ein Prozeß, so das Bundesverfassungsgericht[241], der umfassender, kontinuierlicher und laufend aktualisierter Informationen bedarf. Statistische Erhebungen sind ein wichtiges Hilfsmittel politischer Planung, statistisch aufbereitete Daten können für die verschiedensten Aufgabenbereiche verwendet werden, ohne, daß diese von vornherein bestimmbar wären. Eine enge und konkrete Zweckbestimmung für statistische Erhebungen ist daher nicht sachgemäß, vielmehr besteht hier das Bedürfnis einer Datensammlung auf Vorrat. Das Saarländische Krebsregister wird als Landesstatistik geführt[242], mit der Aufgabe, „fortlaufend statistische Daten über das Entstehen, das Auftreten und den Verlauf" von Krebserkrankungen zu erheben und zu verarbeiten[243]. Dieser Statistikbezug legt zunächst die Vermutung nahe, daß es sich um eine entsprechend privilegierte Verwendung handelt, es daher keiner exakten Zweckbestimmung bedarf. Dagegen spricht jedoch, daß im Saarländischen Register nicht lediglich Inzidenzraten gemessen, sondern die gesamten Krankheitsverläufe der Patienten dokumentiert und ausgewertet werden, was über eine Datensammlung zu statistischen Zwecken weit hinausgeht[244].

---

[239] § 1 S. 1 SKRG, ähnlich § 1 Abs. 1 S. 1 MKRG: „Zur Erfassung und Beobachtung der Krebserkrankungen in der Bevölkerung und für Zwecke der Krebsforschung ..."; § 15 Abs. 1 S. 1 GDSG NW: „Zur Erfassung und Beobachtung von Krebserkrankungen und zur Krebsforschung ..."

[240] Rzadtki/Wollenteit, Persönlichkeitsrecht und Krebsregistrierung, in : v. Elling/-Wunder, Krebsregister, S. 154 (172)

[241] BVerfGE 65, 1 (47 f.) - Volkszählung

[242] § 1 S. 1 SKRG

[243] § 2 SKRG

[244] Rzadtki/Wollenteit, Persönlichkeitsrecht und Krebsregistrierung, in: v. Elling/-Wunder, Krebsregister, S. 154 (174)

Demnach kommt der Überwachung hier keine eigenständige Funktion zu, die Aufgabenbestimmung ist vielmehr zu lesen als: „... Überwachung der Krebserkrankungen in der Saarländischen Bevölkerung ... für Zwecke der epidemiologischen Krebsforschung"[245].

3.) Behandlung, Nachsorge und Forschung

Die Bewertung präventiver und kurativer Maßnahmen wird ebenfalls als Aufgabe bevölkerungsbezogener Krebsregister genannt[246]. Zur Beurteilung kurativer Maßnahmen sollen die Register beitragen, indem sie Überlebenszeiten einzelner Krebsarten ermitteln. Hierfür müssen die Register nicht nur das Auftreten eines Krebsfalles, sondern auch den Tod des Patienten erfassen. Ob die bloße Überlebenszeit zur Beurteilung therapeutischer Maßnahmen geeignet ist, erscheint jedoch fraglich, daher sollte auf diese Aufgabenstellung verzichtet werden. Zur Beurteilung präventiver Maßnahmen tragen bevölkerungsbezogene Krebsregister durch die Messung der Inzidenzen gewissermaßen automatisch bei, da die Verringerung der Inzidenzraten als Hinweis auf den Erfolg entsprechender Strategien bewertet wird.

Schließen sich Krankenhäuser einer Region zusammen, um sich gegenseitig Daten der in der jeweiligen Einrichtung behandelten Patienten zugänglich zu machen, so kann eine annähernd bevölkerungsbezogene Erfassung erreicht werden, deren Nutzung für epidemiologische Zwecke sich geradezu aufdrängt. Die im Rahmen des Behandlungs- oder Nachsorgevertrages erhobenen oder sonst erlangten Daten dürfen jedoch nicht ohne Erlaubnis für Forschungszwecke, sei es für solche der klinischen oder der epidemiologischen Forschung, verwendet werden. Eine Zweckänderung hat sich auf das erforderliche Maß zu beschränken, d.h. nicht die gesamte Nachsorgedokumentation darf umgewidmet werden, sondern jeweils nur die Daten, die zur Durchführung eines konkreten Forschungsvorhabens erforderlich sind.

---

[245] so auch Rzadtki/Wollenteit, S. 154 (172); Scherer, ZRP 82, 291 (292) bzgl. der Formulierung „Erfassung und Beobachtung der Krebserkrankungen in der Bevölkerung" in § 1 Abs. 1 M-KRG; in gleicher Weise bezogen ausschließlich auf den Zweck der Krebsforschung sind die übrigen Bestimmungen in Fn. ... zu lesen.
[246] § 1 Abs. 2 S. 1 KRG

In Bayern werden Krebsregister mehrerer Krankenhäuser, die sich insoweit zusammengeschlossen haben, zu klinischen wie auch zu epidemiologischen Zwecken verwendet. Grundlage sowohl der gemeinsamen Datenverarbeitung[247] als auch der Zweckänderung ist das Bayerische Krankenhausgesetz. Danach dürfen Krankenhausärzte „Patientendaten nutzen, soweit dies im Rahmen des krankenhausärztlichen Behandlungsverhältnisses, [...], zu Forschungszwecken im Krankenhaus oder im Forschungsinteresse des Krankenhauses erforderlich ist"[248]. Erforderlich ist die damit erlaubte Datenverarbeitung nur, wenn das konkrete Vorhaben nicht mit anonymisierten Daten oder mit Einwilligung des Patienten durchgeführt werden kann[249].

Auch das Mainzer Kinderkrebsregister verbindet Nachsorge und epidemiologische Forschung. Grundlage hierfür ist die Einwilligung der Patienten oder ihrer Eltern. Erfolgt die Zweckänderung mit Einwilligung des Betroffenen, kann es für ihn zu einem Interessenkonflikt kommen, wenn er nicht mit der Verwendung seiner Nachsorgedaten für Zwecke der Forschung einverstanden ist, sich jedoch „moralisch" verpflichtet fühlt, dem Arzt oder dem Krankenhaus seine Daten für Forschungszwecke zur Verfügung zu stellen. Die Nicht-Erteilung seiner Einwilligung dürfte dem Patienten zum einen dadurch erschwert werden, daß er selbst auf die Dokumentation angewiesen ist, zum anderen dadurch, daß nicht „irgendwelche Forscher", sondern gerade die behandelnde Einrichtung mit den Daten arbeiten will. Bei der Aufklärung über die geplante Datenverarbeitung zu Forschungszwecken bedarf es daher einiger Anstrengungen, dem Patienten eine selbstbestimmte Entscheidung zu ermöglichen, auch wenn es dem Interesse der Forscher an der Verwendung der fraglichen Daten widerspricht.

III. Art und Umfang der registrierten Daten

Der mögliche Inhalt der Meldungen hängt von der Aufgabe der meldenden Stelle oder Person ab: Der behandelnde Arzt kennt Anamnese und Therapie. Diagnosedaten erhält er idR. vom Pathologen, der jedoch nicht über persönliche Verhältnisse des Patienten informiert ist. Der Tod des Betroffenen wird dem Pathologen nur bei einer Obduktion bekannt, auch der meldende Arzt, den der Patient längere Zeit nicht mehr aufgesucht hat, er-

---

[247] im Wege der Datenverarbeitung im Auftrag, Art. 27 Abs. 4 S. 5 u. 6 BayKrG
[248] Art. 27 Abs. 4 S. 1 BayKrG
[249] Bizer, Forschungsfreiheit und informationelle Selbstbestimmung, S. 361

fährt hiervon nicht immer - anders die zuständige Behörde, die in jedem Fall eine Todesbescheinigung erhält. Verläßt der Betroffene den Erfassungsbereich eines Registers oder ändert er seinen Namen, so erlangt hiervon die Meldebehörde Kenntnis.

Darüber, ob bevölkerungsbezogene Krebsregister auch Daten über die Lebensweise des Patienten erfassen sollte, welche Angaben hierfür gegebenenfalls geeignet sind, herrscht keine Klarheit. Von Epidemiologen für unerläßlich gehalten zur schnellen und gezielten Ermittlung von Risikofaktoren, wird die Meldung anderer Tatsachen als Diagnose und Therapie mit dem Argument des victim-blaming zurückgewiesen[250].

A. Meldedaten

Meldungen an bevölkerungsbezogene Krebsregister müssen medizinische Daten enthalten. Die Definition dieses Begriffes bereitet gewisse Schwierigkeiten: Gerade im Zusammenhang mit der Krebsursachenforschung können Angaben medizinische Relevanz erlangen, die für sich genommen nicht als medizinische Daten bezeichnet würden, so etwa Wohnort und Arbeitsplatz des Patienten[251]. Sinnvoll erscheint es daher, als medizinische Daten nur diejenigen zu betrachten, die sich auf den Gesundheitszustand des Betroffenen beziehen[252], wie Diagnose und Therapie.

Die Notwendigkeit der Dokumentation von Therapien erscheint bei bevölkerungsbezogenen Krebsregistern zweifelhaft, da der Nutzen gerade dieser Dokumentationen in der Erfassung der Neuerkrankung, nicht jedoch ihrer Behandlung liegt, die zur Ermittlung von Krebsursachen auch kaum beitragen dürfte.

Neben medizinischen Daten sind Angaben über die Identität des Patienten erforderlich, womit nichts darüber gesagt ist, in welcher Weise die Identität mitgeteilt wird. Schließlich müssen Meldungen Auskunft über die Region geben, in der sich der Betroffene aufhält, damit insbesondere ökologische

---

[250] Narr/Schwander, Die Herrschaftslogik der Krebsregister, in: v. Elling/Wunder (Hrsg.), Krebsregister, S. 88 (93)
[251] Wolters, Datenschutz und medizinische Forschungsfreiheit, S. 6
[252] so Kilian, Verfügungsberechtigung über medizinische Daten, in: Kilian/Porth, Juristische Probleme der Datenverarbeitung in der Medizin, S. 119

Faktoren, die möglicherweise im Zusammenhang mit dem Auftreten der Erkrankung stehen, ermittelt werden können. Dabei fragt sich, unter welchem Aufenthaltsort der Betroffene gemeldet werden soll. In Betracht kommen Wohnsitz und Arbeitsplatz. Für letzteren spricht die Bedeutung der Arbeitssicherheit durch Vermeidung oder Reduzierung insbesondere karzinogener Schadstoffe am Arbeitsplatz. Dagegen spricht, daß nur bei stark emittierenden Betrieben oder in Gebieten mit relativ einheitlicher Nutzung und dadurch bedingter ähnlicher Schadstoffbelastung auffällige Überhäufungen zu erwarten sein dürften. Bei der üblichen wohnortabhängigen Erfassung muß Einigkeit bestehen über die Art des Wohnortes. Melderechtlich wird unterschieden zwischen Haupt- und Nebenwohnung. Die Hauptwohnung ist die von dem Betroffenen vorwiegend benutzte, jede weitere ist eine Nebenwohnung[253]. Daran anknüpfend sind Bevölkerungsstatistiken, die von Epidemiologen zur Ermittlung etwa der Alters- und Geschlechtsverteilung in der zu betrachtenden Gruppe herangezogen werden, aufgeteilt nach der wohnberechtigten Bevölkerung, bestehend aus Personen, die an dem fraglichen Ort ihren Haupt- oder Nebenwohnsitz haben, und der Bevölkerung am Ort der Hauptwohnung, das sind die Personen, die in dem fraglichen Bereich ihre Haupt- oder einzige Wohnung haben[254]. Allein Mecklenburg-Vorpommern bezieht die Erfassung auf Patienten, die dort ihren Hauptwohnsitz haben[255]. Das KRG stellt dagegen auf den gewöhnlichen Aufenthalt des Betroffenen ab[256]. Dieser wird nicht nach melderechtlichen, sondern nach tatsächlichen Kriterien bestimmt[257], was den Vergleich mit Bevölkerungsstatistiken erschwert[258]. Hinsichtlich des Wohn- oder Aufenthaltsortes ist zu beachten, daß regionale Ursachen am besten anhand genauer Angaben von Wohnort, Straße und Hausnummer

---

[253] § 12 Abs. 2 u. 3 MRRG
[254] Goeddecke-Stellmann, Datengrundlagen und Methoden der kleinräumigen regionalen Berichterstattung, in: v. Manikowsky u.a. (Hrsg.), Methoden regionalisierter Beschreibung und Analyse von Krebsregisterdaten, S. 16 (20)
[255] § 2 Abs. 1 S. 1 KrebsRAG MV
[256] § 3 Abs. 1 KRG, diese Regelung orientiert sich an § 3 Abs. 1 Nr. 3a VwVfG und §§ 606 - 606 b ZPO, dem folgend Art. 4 Abs. 2 Bay AGKRG, § 2 Abs. 1 Hess E-AGKRG, § 3 Abs. 1 S. 1 SächsKRGAG, § 1 Abs. 1 S. 1 SH AGKRG
[257] BLAH-Albers, § 606, Anm. 3Aa)
[258] Das gilt auch für die Bezugnahme auf die in einem Bundesland "wohnende" Bevölkerung, § 2 Abs.1 BW LKrebsRG. Im MKRG sowie in Bremen, Nordrhein-Westfalen und im Saarland fehlen Bestimmungen der zu erfassenden Personen. In Hamburg und Rheinland-Pfalz werden alle Personen erfaßt, die dort untersucht oder behandelt worden sind, § 2 Abs.1 S. 1 HmbKrebsRG, § 3 Abs. 4 Rh-Pf LKRG.

lokalisiert werden können. Allerdings können auf diese Weise nicht nur kausale Faktoren geortet werden, sondern auch die Betroffenen, was von Bedeutung ist für die Bewertung des Datensatzes als anonym oder personenbezogen. Das gilt umso mehr, wenn über die eben genannten medizinischen Angaben hinaus weitere Lebensumstände erfragt werden, von denen Epidemiologen Hinweise auf ursächliche Faktoren erwarten.

1. Methoden der Auswahl

Für die Auswahl weiterer Lebensumstände sind zwei Verfahren denkbar: Patient und/oder Arzt werden um ein „brainstorming" gebeten, d.h. sie selbst geben Faktoren an, die nach ihrer Ansicht im Zusammenhang mit der Erkrankung stehen könnten (Holzzaun mit Lack der Marke „X" gestrichen, leidenschaftlicher Bergsteiger oä.). Vorteil: Bei hinreichender Motivation von Patienten und meldenden Ärzten kann eine Vielzahl verdächtiger Faktoren (Lack, natürliche Strahlung) ermittelt werden. Nachteil: Die Erfassung ist aufwendig, da die Kategorien der Faktoren nicht von vornherein feststehen, gleichzeitig dürfte die Aussagekraft jedenfalls bei selteneren Faktoren eher gering sein.

Als zweite Möglichkeit, in allen deutschen Krebsregistergesetzen vorgesehen, kommt die routinemäßige Abfrage bestimmter Faktoren in Betracht, die entweder bereits als Ursachen für einige Krebsarten feststehen oder jedenfalls als verdächtig gelten. Diese Abfrage ist deutlich weniger aufwendig. Sie birgt jedoch die Gefahr tendenziöser Bewertung, da die jeweiligen Faktoren zwangsläufig in jede Betrachtung mit eingehen. So lautet dann auch ein Vorwurf, mittels dieser Routineabfrage würden Krebsregister „lebensgeschichtliche Erfahrungen auf die Anzahl der gerauchten Zigaretten und der gekippten Biere und Schnäpse" reduzieren[259]. Etwas gemäßigter ist festzustellen, daß, wenn man nicht auf die routinemäßige Erfassung persönlicher Lebensgewohnheiten verzichten will, besondere Sorgfalt bei der Bewertung dieser Faktoren erforderlich ist, da sonst die Neutralität der Erfassung und damit ihre Eignung zur Förderung der Krebsforschung fraglich wäre.

---

[259] Narr/Schwander, Die Herrschaftslogik der Krebsregister, in: v. Elling/Wunder (Hrsg.), Krebsregister, S. 86 (88)

2. Häufige erhobene Zusatzdaten

Einige der epidemiologischen Daten, deren Erhebung nach dem KRG den Ländern vorgeschrieben oder dort eigenständig geregelt ist, sollen im folgenden erörtert werden: Der *Familienstand*[260] soll nach der Begründung des saarländischen Gesetzgebers für die Beurteilung der Verbreitung von Genitalkrebsen erforderlich sein[261]. Angesichts der zwischenzeitlich stark veränderten Lebensverhältnisse trifft diese Einschätzung heute möglicherweise nicht mehr zu, daher sollte die Aussagekraft dieses Merkmals überprüft werden. Die Frage nach der *Staatsangehörigkeit*[262] wird begründet mit einem Vergleich der Anfälligkeit für Krebs zwischen Einheimischen und Gastarbeitern[263]. Dieses erscheint insofern fragwürdig, als sich die Staatsangehörigkeit teilweise nach dem Geburtsort, teilweise nach der Abstammung des Betroffenen richtet und dieser Faktor im übrigen nichts darüber aussagt, wie lange der Patient in welchem Land gelebt hat. Der *Beruf* des Patienten ist regelmäßig Bestandteil der medizinisch relevanten Daten[264]. Aus epidemiologischer Sicht ist der Beruf, besser noch: die Tätigkeitsanamnese, d.h. die Angabe aller bislang ausgeübten Tätigkeiten, von großer Bedeutung für die Ermittlung von Risikostoffen am Arbeitsplatz, die Einführung neuer oder die Beurteilung bestehender Maßnahmen des Arbeitsschutzes. Als problematisch erweist sich in der Praxis die Genauigkeit der Angaben, die nicht zu den in der klinischen Anamnese oder verwaltungsmäßigen Routine gehören[265]. Auch sind nicht alle Berufsbezeichnungen geschützt oder sonst eindeutig, der Arzt dürfte insoweit kaum detaillierte Kenntnisse besitzen[266]. Gestützt wird diese Annahme durch eine

---

[260] § 4 Nr. 1 SKRG; § 16 Abs. 1 Nr. 2 lit c GDSG NW
[261] SldLTDrs. 7/1384, S. 8
[262] § 2 Abs. 2 Nr. 4 KRG; § 2 Abs. 2 Nr. 1d BW LKrebsRG, die maßgebliche Anlage 1 des Gesetzes unterscheidet nur acht Staaten, dabei nicht einmal alle europäischen; § 3 Abs. 1 lit. b Nr. 4 BremKRG; § 3 Abs. 1 Nr. 1e HmbKrebsRG; § 3 Abs. 1 Nr. 2 lit. d Hess E-AGKRG; § 3 Abs. 1 Nr. 2e MKRG; § 16 Abs. 3 Nr. 2e GDSG NW „Staatsangehörigkeit und Nationalität"; § 4 Nr. 1 SKRG
[263] SldLTDrs. aaO.
[264] § 2 Abs. 2 Nr. 5 KRG; § 3 lit. b Nr. 5 BremKRG; § 3 Abs. 1 Nr. 2 lit. e Hess E-AGKRG; § 16 Abs. 3 Nr. 3 lit. a GSDG NW, als Angabe über persönliche Verhältnisse § 2 Abs. 2 Nr. 1 lit. f KrebsRG BW; § 3 Abs. 1 Nr. 1 lit. h, j HmbKrebsRG; § 3 Abs. 1 Nr. 2 lit. h MKRG; § 4 lit a SKRG
[265] Haartje, Vollständigkeit ..., in: Krebs in Hamburg, hrsg. 1991, S. 27 (29)
[266] 14.Tätigkeitsbericht LfD BW, S. 81 (82 f.)

Auswertung des Hamburgischen Krebsregisters[267]. Danach gaben von den Ersterhebungsbögen des Diagnosejahres 1988 nur 32 % Auskunft über den letzten, 28 % über den am längsten ausgeübten Beruf des Patienten, aufgrund dieser Unvollständigkeit hat das Register bis auf weiteres auf eine Erfassung des Berufes verzichtet. Teilweise ist auch die Erfassung von Krebserkrankungen bei *Familienangehörigen* vorgesehen[268], gemeldet werden Krebsart und Verwandtschaftsverhältnis. Anhand der Identitätsdaten des gemeldeten Patienten zusammen mit den Angaben über das Verwandtschaftsverhältnis kann der kranke Angehörige bestimmt werden, es handelt sich damit um eine Erfassung seiner personenbezogenen Daten. Die Einwilligung des Angehörigen soll jedoch nicht erforderlich sein, er wird nicht einmal über die Registrierung unterrichtet, auch wird nicht gefragt, ob der so bestimmbare Angehörige überhaupt Kenntnis von seiner Erkrankung hat - eine Regelung, die keinen Bestand haben kann.

B. Ergänzung mittels anderer Datensammlungen

Abgleiche bevölkerungsbezogener Krebsregister mit anderen Datensammlungen können zur Ergänzung und Aktualisierung der Registerbestände beitragen, das Register kann auf diese Weise auch Personen erfassen, deren Krebserkrankungen dort noch nicht bekannt waren.

1. Sterbedaten

Sterbedaten können durch den zuletzt behandelnden Arzt gemeldet werden, verbreitet ist jedoch der Abgleich mit Informationen aus Todesbescheinigungen, die regelmäßig bei dem zuständigen Gesundheitsamt geführt werden. Ein Abgleich kann theoretisch in der Weise erfolgen, daß das Gesundheitsamt dem Register die gesamte Todesbescheinigung oder eine Ablichtung zur Verfügung stellt[269]. Dieses relativ unkomplizierte Verfahren ist rechtlich fragwürdig: Mit dem Tode des Betroffenen endet seine persönliche Ehre und damit sein all-gemeines Persönlichkeitsrecht[270]. Wegen des

---

[267] in: Krebs in Hamburg, hrsg. 1991, S. 28
[268] § 3 lit. b Nr. 7 BremKRG; § 3 Abs.1 Nr.2 lit. g Hess E-AGKRG
[269] so § 3 Abs. 5 KRG; § 4 Abs. 1 HmbKrebsRG; § 18 Abs. 3 GSDG NW; § 4 Abs. 1 MKRG
[270] BVerfGE 30, 173 - Mephisto, anders noch BGH NJW 68, 1773 - Mephisto: Das

Fortwirkens seiner Menschen-würde, Art. 1 I GG, billigt die Rechtsprechung dem Verstorbenen einen postmortalen Achtungsanspruch zu. Dieser gewährt Schutz vor einer schwer-wiegenden Verletzung seines Lebensbildes oder sonstigen Beeinträchtigungen, die bei Lebenden als Verletzung der Menschenwürde zu bewerten wären[271]. Allein das mit der Kenntnisnahme der Todesbescheinigung verbundene Bekanntwerden der Tatsache, daß jemand verstorben ist, stellt noch keine Verletzung seines Achtungsanspruchs dar[272], anders, wenn Todesumstände bekannt werden, die geeignet sind, den Betroffenen verächtlich zu machen (z. B. Suizid, Drogenmißbrauch, Tod im Bordell, Priester verstirbt an AIDS). Derartige Informationen können jedoch im vertraulichen Teil der Todesbescheinigungen, der bei den Gesundheitsbehörden aufbewahrt wird, enthalten sein. Angegeben[273] werden etwa in der Rubrik „Todesursache/ Klinischer Befund" die unmittelbar zum Tode führende Krankheit sowie Krankheiten, die zum Tode beigetragen haben, ohne mit der unmittelbaren Todesursache oder dem Grundleiden im Zusammenhang zu stehen, unter „Epikrise" nähere Angaben zum Todesfall, beim nichtnatürlichen Tod zum Hergang und zur Ursache der Schädigung, unter „Todesart" Anhaltspunkte für ein nichtnatürliches Geschehen im Zusammenhang mit dem Todeseintritt, mit beispielhafter Nennung von Selbsttötung, Tod durch äußere Einwirkung, schließlich unter „Weitere Angaben zur Klassifikation der Todesursache" solche zur äußeren Ursache der Schädigung mit Angaben über den Hergang. Enthält der vertrauliche Teil Informationen, die den Betroffenen herabwürdigen können, so ist die Weiterleitung an das Krebsregister nicht zulässig. Doch auch, wenn der vertrauliche Teil keine derartigen Angaben enthält, ist die registerseitige Kenntnisnahme von Informationen, die über den Katalog der dort zu erfassenden Informationen hinausgeht, nicht erforderlich und damit nicht zulässig. Ausreichend ist die Fertigung einer Ablichtung oder die Übermittlung in sonstiger Weise, die sich auf die erforderlichen Daten beschränkt[274]. Selbstbestimmungsrechtlich relevant ist der

---

Persönlichkeitsrecht gilt nach dem Tode fort, jedoch in beschränktem Umfang
[271] BGH NJW 74, 1371 - Fiete Schulz; HansOLG AfP 83, 466 (468)
[272] BGH NJW 74, 1371 - Fiete Schulz
[273] Entnommen dem in Hamburg verwendeten Formular
[274] Anders als nach dem Wortlaut des § 3 Abs. 5 S. 1 KRG: „Die Gesundheitsämter sind verpflichtet, ... [dem jeweiligen Krebsregister] eine Ablichtung aller Leichenschauscheine oder die erforderlichen Daten der Leichenschauscheine in maschinell verwertbarer Form zu übermitteln" sind daher die in § 3 Abs. 5 S. 1 KRG genannten Verfahren nicht beliebig austauschbar, die Übersendung einer Ablichtung ist nur bedingt zulässig, ebenso § 2 Abs. 8 S. 1 BremKRG; § 2 Abs. 8 S. 1 Hess E-

Abgleich seitens der Gesundheitsbehörde; diese darf keine Kenntnis darüber erlangen, welche Personen im Register erfaßt sind, der Abgleich darf also nicht in der Weise stattfinden, daß das Krebsregister gezielt den Vitalstatus bestimmter Personen erfragt.

Todesbescheinigungen enthalten nur wenig detaillierte Angaben zur Diagnose, in der Regel keine Angaben zur Therapie. Stammen Informationen über einen Patienten ausschließlich aus seiner Todesbescheinigung (sog. death-certificate-only, kurz: DCO), ist der Nutzen für die epidemiologische Forschung daher entsprechend gering. Das Register kann versuchen, den vorgesehenen Datensatz durch Befragung des behandelnden Arztes zu vervollständigen[275]. Die Würde des Verstorbenen wird hierdurch im Prinzip nicht verletzt.

2. Meldebehörden

Die Kontinuität der Erfassung wird durch Namensänderungen verfälscht. Einige Krebsregistergesetze sehen daher Abgleiche mit Daten der Meldebehörden vor[276]. Problematisch ist die Registrierung wechselnder Anschriften oder gleichzeitiger Wohnsitze insofern, als dadurch ein Bewegungsprofil erstellt werden kann. Um dieses zu verhindern, könnte die Registrierung in geeigneter Weise beschränkt werden, indem etwa nicht mehr als die letzten drei Aufenthaltsorte des Betroffenen gespeichert werden. Bei der Wahl des Abgleichverfahrens ist dafür Sorge zu tragen, daß das Krebsregister nur Informationen über Personen zur Kenntnis nehmen kann, die tatsächlich registriert sind, auf der anderen Seite die Meldebehörde nicht erfährt, welche Personen im Register erfaßt sind[277].

AGKRG; § 4 Abs. 2 S. 1 MKRG. In Hamburg und Nordrhein-Westfalen ist jeweils nur die Übersendung der gesamten Todesbescheinigung vorgesehen, § 4 Abs. 1 HmbKrebsRG, § 18 Abs. 3 GDSG NW, auch hier sind entsprechende Beschränkungen erforderlich. Allein in Baden-Württemberg ist die Übermittlung auf die im Register zu speichernden Daten beschränkt, § 5 Abs. 1 u. 2 BW LKrebsRG.

[275] § 5 Abs. 5 BW LKrebsRG; Art 3 Abs. 2 StV GKR

[276] Zur Korektur der Prävalenz dürfen auch Wegzüge gemeldet werden, § 2 Abs. 9 BremKRG; § 4 Abs. 2 u.3 HmbKrebsRG; § 4 Abs. 7 Hess E-AGKRG; § 4 Abs. 2 MKRG

[277] So § 4 Abs. 2,3 HmbKrebsRG; entsprechende Regelungen fehlen in den anderen Gesetzen

IV. Modalitäten der Meldung

Die Forderungen der Epidemiologen nach vollzähliger und fallbezogener Registrierung laufen auf die Meldung personenbezogener Daten ohne Einwilligung der Betroffenen hinaus. Entsprechende Regelungen beschränken das Recht der Patienten auf informationelle Selbstbestimmung erheblich. Zwar haben Epidemiologen stets darauf hingewiesen, daß ihr Interesse nicht der Identität, sondern der Individualität der Patienten gelte; nicht wer der registrierte Patient ist, sondern daß er es ist, sei maßgeblich. Der fehlende epidemiologische Bedarf für dieses "mehr" an Information ändert jedoch nichts an der Tatsache, daß mit einer solchen Regelung in das Selbstbestimmungsrecht der Patienten eingegriffen wird[278].

Die Meldung personenbezogener Daten ohne Einwilligung der Betroffenen[279] dürfte prinzipiell geeignet sein, zur Krebsursachenforschung beizutragen[280]. Fraglich sind jedoch Erforderlichkeit und Zumutbarkeit derartiger Regelungen für den Patienten[281]. Im folgenden werden Verfahren der Meldung mit und ohne Personenbezug sowie mit und ohne Einwilligung dargestellt und erörtert.

A. Personenbezogene Meldung

Personenbezogene Meldungen gewährleisten den geforderten Fallbezug, sie geben jedoch auch den Betroffenen, der sich hinter dem Fall verbirgt, preis.

---

[278] Bull/ Dammann, Wissenschaftliche Forschung und Datenschutz, DÖV 82, 213 (214 f.)
[279] zulässig nach § 31 Abs. 1 KRG; Art. 1 Abs. 1 S. 1 Bay AGKRG; §§ 2 Abs. 3 S. 1 u. 2; 2 Abs. 4 S. 1 Brem KRG; § 2 Abs. 2 S. 1 HmbKrebsRG; Art. 3 Abs. 1 StV GKR; § 2 Abs. 1 MKRG; § 3 Abs. 1 Rh-Pf LKRG; § 9 Abs. 1 SKRG
[280] zweifelnd Rzadtki/Wollenteit, die jedoch wegen des weiten gesetzgeberischen Prognosespielraums davon ausgehen, daß eine entsprechende Regelung einer Evidenzkontrolle standhalten würde, Persönlichkeitsrecht und Krebsregistrierung, in: v. Elling/ Wunder, Krebsregister, S. 154 (172 f.).
[281] Fragen der ärztlichen Berufsausübung sollen in dieser Arbeit nicht untersucht werden.

1. Krebsregister als Treuhänder

Krebsregister können als Datentreuhänder fungieren. Das Verfahren der Datentreuhand orientiert sich nicht an den zu verarbeitenden Daten, sondern am Verfahren ihrer Verarbeitung[282]: Der Treuhänder sammelt personenbezogene Daten von mindestens einer Stelle. Die erlangten Daten verarbeitet er selbständig oder nach den Vorgaben des anfragenden Forschers, dem er sie dann übermittelt. Der Treuhänder wird nicht im Auftrag der ursprünglich datenhaltenden Stelle tätig, datenschutzrechtlich liegt hier eine Übermittlung vor, die der Ermächtigung bedarf. Gibt ein Arzt Patientendaten an einen Treuhänder weiter, so handelt es sich um eine Offenbarung iSd. § 203 I Nr.1 StGB. Die hierfür erforderliche Befugnis deckt auch die Übermittlung iSd. Datenschutzrechts ab. Liegt das Niveau der Datensicherheit im Krebsregister oberhalb desjenigen des Forschers, handelt es sich bei der Einschaltung des Krebsregisters um einen Eingriff, der im Vergleich zur direkten Übermittlung personenbezogener Daten durch den Arzt an den Forscher geringer wiegt[283]. Das gilt allerdings nur, sofern sich die Übermittlung aus dem Register auf anonyme Daten beschränkt[284]. Das beschriebene Treuhandmodell wird in seiner Grundform, d.h. personenbezogene Meldung mit ausschließlich anonymer Weitergabe der Daten, nur im Saarland praktiziert[285].

Der Treuhandgedanke wurde weiterentwickelt; durch Aufteilung des Krebsregisters in zwei Stellen und entsprechend getrennte Aufbewahrung der Meldedaten soll die Intensität des Eingriffs in das Selbstbestimmungsrecht des Patienten weiter verringert werden:

---

[282] Das Prinzip der Datentreuhand orientiert sich nicht an den zu verarbeitenden Daten, sondern am Verfahren ihrer Verarbeitung, ausf. Steinmüller, Ein organisationsunterstütztes Verfahren zur Anonymisierung von Forschungsdaten, in Kaase u.a. (Hrsg.), Datenzugang und Datenschutz, S. 111 (116 f.)

[283] Bizer, Forschungsfreiheit und informationelle Selbstbestimmung, S. 196; a.A. Wolters, Datenschutz und medizinische Forschungsfreiheit, S. 70, er sieht in der Treuhand nur eine Verschiebung des Anonymisierungsproblems.

[284] so das derzeitige Verfahren im Saarland, vgl. §§ 4 Abs. 1, 6 SKRG. Die Regelung soll überarbeitet werden, da sie wegen des geringen Nutzens für die analysierende Forschung immer wieder kritisiert worden ist, dazu Stegmaier u.a. zur sog. EVA-Studie, Monatsheft 12/97, S. 15

[285] §§ 9 Abs. 1, 6 S. 1 SKRG

2. Periphere Teilanonymisierung

Von Schrage stammt das sog. Modell der peripheren Teilanonymisierung. Es basiert auf einer Aufteilung von Patientendaten nach bestimmten identifizierenden und medizinischen Angaben, die bereits vor der Meldung durchzuführen ist, und einer entsprechenden organisatorischen Teilung des Krebsregisters. Die Meldung enthält drei Datengruppen[286]:
(1) die Registriernummer, auf jeden Teil des Meldebogens gedruckt,
(2) medizinische Daten, wie Lokalisation des Tumors, Stadium der Erkrankung,
(3) identifizierende Daten, aufgeteilt in zwei Gruppen, einerseits die „zu schützenden" Angaben (S) Name, Vorname, Tag und Monat der Geburt, andererseits die „zugänglichen" Daten (Z) Geburtsjahr, Geschlecht und Wohnort.

Bei der Version mit zwei Meldebogenteilen A und B trägt der Meldende in den A-Teil den Namen, Geburtstag und -monat des Patienten sowie den ersten Teil der medizinischen Daten (Lokalisation, Klassifikation, Diagnosesicherung) ein[287]. Der B-Teil enthält von den (S)-Angaben nur den Vornamen des Patienten, dazu alle (Z)-Daten und den zweiten Teil der medizinischen Daten (Diagnoseanlaß, weitere Malignome, Behandlung)[288].

An der Krebsregistrierung sind zwei Stellen beteiligt; die Vertrauens- und die Registerstelle. Teil A des Meldebogens wird an die Vertrauensstelle, Teil B an die Registerstelle übersandt. Jede dieser Stellen verfügt über einen Eingaberechner, der die jeweils eingehenden Meldungen daraufhin überprüft, ob sie einem bereits registrierten Patienten zugeordnet werden können. Ermittelte Übereinstimmungen in den vier Kategorien von identifizierenden Daten der Vertrauensstelle bzw. den drei Kategorien in der Registerstelle werden unter Angabe der Datengruppe dem Hauptrechner der Registerstelle gemeldet. Findet dieser eine hinreichende Anzahl von Übereinstimmungen, teilt er Vertrauens- und Registerstelle die Registriernummer dieses bereits erfaßten Patienten mit, anderenfalls gilt die Meldung als Neumeldung.

---

[286] Schrage, Krebsregister (o. J.), S. 24 f.
[287] Schrage, Krebsregister (o. J.), S. 27. Etwas aufwendiger, i.E. jedoch nicht anders zu beurteilen ist die „Version mit drei Meldebogenteilen", S. 27 f. und Anhang.
[288] Schrage, Krebsregister (o. J.), Anhang

Die hier vorgeschlagene Aufteilung von Informationen *vor* der Meldung mit entsprechend getrennter Erfassung ist eine vielversprechende Möglichkeit der Datensicherung. Sie verringert die Intensität des Grundrechtseingriffs in stärkerem Maße als die Einschaltung einer einzigen Registerstelle, die sämtliche Daten erhält. Die Bezeichnung als „Teilanonymisierung"[289] ist jedoch irreführend, da eine Anonymisierung - faktisch ist ausreichend, „ein bißchen" gibt es nicht - nicht stattfindet: Teil A der Meldung nennt den Namen des Betroffenen, Schrages Auffassung, „bei der relativ häufigen Gleichheit von Familiennamen" sei „die Gefahr einer unerlaubten Reidentifizierung des Patienten vor dem Hintergrund der Gesamtheit der Landesbevölkerung gering"[290], dürfte kaum haltbar sein. Auch hinsichtlich der in Teil B enthaltenen Informationen über Geburtsjahr, Geschlecht und Wohnort ermöglichen in sehr kleinen Gemeinden eine Identifizierung, wie Schrage selbst einräumt[291]. Bei der Gesetzgebung im Bereich der Krebsregistrierung ist dieses Modell trotz guten Ansatzes nicht realisiert worden.

3. Zentrale Verschlüsselung

Die zentrale Verschlüsselung nach Michaelis liegt dem Bundeskrebsregistergesetz zugrunde[292]. Auch hier sind an der Erfassung zwei Stellen beteiligt; Vertrauens- und Registerstelle als selbständige, räumlich, organisatorisch und personell voneinander getrennte Einheiten[293]. Die Meldung enthält einen Katalog sogenannter Identitätsdaten, wie Familien-, Vor- und früheren Namen, Geschlecht und Anschrift des Patienten sowie einen Katalog sogenannter epidemiologischer Daten, wie Diagnose, Therapie und Wohnort des Patienten[294]. Anders als bei Schrage wird zunächst die gesamte Meldung an die Vertrauensstelle geleitet. Dort werden Schlüssigkeit und Vollständigkeit der Angaben überprüft, gegebenenfalls nach Rückfrage bei der meldenden Stelle berichtigt[295]. Die Vertrauensstelle übernimmt die

---

[289] Schrage, Krebsregister (o. J.), S. 22
[290] Schrage, Krebsregister (o. J), S. 27
[291] Schrage, Krebsregister (1990), S. 94
[292] Die auf dem KRG basierenden Landesgesetze (Bay AGKRG; BremKRG; Hess E-AGKRG; StV GKR; KrebsRAG MV; Rh-Pf LKRG; SächsKRGAG; SH AGKRG) sehen ebenfalls eine solche Aufteilung vor, im übrigen weichen die Modalitäten der Landesregelungen teilweise jedoch erheblich von denen des KRG ab.
[293] § 1 Abs. 3 S.1 KRG
[294] §§ 3 Abs. 1 S. 1; 2 Abs. 1, Abs. 2 KRG
[295] §§ 3 Abs. 1, 4 Abs. 1 Nr. 1 KRG

Identitätsdaten und die epidemiologische Angaben auf getrennte Datenträger. Sodann werden die Identitätsdaten verschlüsselt[296]. Die Vertrauensstelle bedient sich dabei eines asymmetrischen Chiffrierverfahrens[297], so daß eine Decodierung nicht durch Benutzung desselben Schlüssels, der für die Codierung verwendet wurde, möglich ist. Hard- und Software zur Decodierung befinden sich bei einer durch die Landesregierung zu bestimmenden Stelle außerhalb des Krebsregisters[298], so kann die Vertrauensstelle die Identitätsdaten von sich aus nicht entschlüsseln. Für Berichtigungen, Ergänzungen und den Abgleich mit der Registerstelle sowie mit den Daten anderer Krebsregister bildet die Vertrauensstelle eine Kontrollnummer in einer Weise, die keine Wiedergewinnung der Identitätsdaten ermöglicht[299].

Die epidemiologischen Daten mit dem Identitätscode, der Kontrollnummer, Namen und Anschrift des meldenden Arztes sowie einem Vermerk darüber, ob der Patient von der Meldung unterrichtet wurde, werden nun von der Vertrauens- an die Registerstelle weitergegeben, spätestens nach drei Monaten löscht die Vertrauensstelle alle dort vorhandenen Daten des Patienten[300]. Die Registerstelle speichert die Daten, gleicht sie mit den vorhandenen Beständen ab, überprüft ihre Schlüssigkeit und verarbeitet sie nach Maßgabe des Gesetzes[301]. Maßnahmen, die eine Zuordnung epidemiologischer Daten zu bestimmten Personen ermöglichen, sind grundsätzlich untersagt. Das Verbot ist strafbewehrt[302].

a. Das Prinzip

Die Gliederung des Krebsregisters in zwei organisatorisch selbständige und voneinander weisungsunabhängige Stellen bietet auch hier als Maßnahme zur informationellen Gewaltenteilung weitgehenden Schutz vor unbefugter Verarbeitung personenbezogener Patientendaten. Zusätzlichen Schutz bietet die Verschlüsselung der Identitätsdaten mit anschließender Löschung der im Klartext vorhandenen Angaben. Sofern der Patient nicht anhand der

---

[296] § 4 Abs. 1 Nr. 3 u. 4 KRG
[297] § 7 Abs. 1 KRG
[298] § 8 Abs. 5 S. 1 KRG
[299] §§ 4 Abs. 1 Nr. 4, 7 Abs. 2 KRG
[300] § 4 Abs. 1 Nr. 5 KRG
[301] § 5 Abs. 1 KRG
[302] §§ 8 Abs. 1 S. 2; 12 Abs. 1, 2 Nr. 7 KRG

epidemiologischen Daten bestimmbar ist, sind die Angaben für die Registerstelle anonym. Die Registrierung bleibt insgesamt jedoch personenbezogen, da die Entschlüsselung der Identitätsdaten und Zusammenführung mit den epidemiologischen Angaben technisch möglich und rechtlich[303] unter bestimmten Voraussetzungen zulässig ist.

b. Zentrale Verschlüsselung in der Praxis

Der durch die Trennung und Verschlüsselung der Daten gewährleistete Schutz wird durch die konkrete Ausgestaltung des Verfahrens stark reduziert: Die Identifizierung von Patienten dürfte bereits aufgrund der epidemiologischen Daten möglich sein, etwa, wenn es sich um einen Patienten mit einer sehr seltenen Krebsform handelt, der in einer kleinen Gemeinde wohnt[304] oder um einen Patienten, der in einer wenig frequentierten Praxis behandelt wird. In diesem Zusammenhang erscheint die Erforderlichkeit der nach dem KRG vorgesehenen Speicherung von Namen und Adresse des meldenden Arztes bei der Registerstelle[305] zweifelhaft, da ein Rückgriff auf diesen Arzt ohnehin nur durch die Vertrauensstelle durchgeführt wird[306].

Die strenge Trennung von Vertrauens- und Registerstelle wirft Probleme bei der Auswahl geeigneter Stellen auf. So übernimmt in Schleswig-Holstein die Ärztekammer die Aufgaben der Vertrauensstelle[307], hier ist Sorge dafür zu tragen, daß die Verarbeitung und Nutzung der Registerdaten personell und organisatorisch von den anderen Aufgaben der Ärztekammer getrennt stattfindet. Die Aufgaben der Registerstelle überträgt das Ministerium für Arbeit, Gesundheit und Soziales (MAGS) einer juristischen Person des öffentlichen oder des privaten Rechts[308]. Das MAGS führt als Landesregisterbehörde die Rechts- und Fachaufsicht über Vertrauens- und Registerstelle. Im Falle einer Auflösung der juristischen Person, die die Aufgaben der Registerstelle wahrnimmt, darf die Landesregisterbehörde die Daten der Registerstelle bis zu einer Neuregelung der Aufgabenerfüllung

---

[303] § 8 KRG
[304] BTDrs. 12/6478, S. 18
[305] § 6 Abs. 1 Nr. 4 KRG
[306] § 4 Abs. 1 Nr. 1, 6, 8 KRG
[307] § 2 Abs. 1 AGKRG S-H
[308] § 2 Abs. 2 AGKRG S-H

zur Sicherung speichern. Eine darüber hinausgehende Verarbeitung ist der Landesregisterbehörde untersagt[309]. Über den Gesetzestext hinaus dürfte in diesem Fall wohl auch eine Nutzung der gespeicherten Daten unzulässig sein. Offen ist jedoch die Frage, wie das MAGS als Landesregisterbehörde Aufsichtsfunktionen wahrnehmen soll, wenn es nach Auflösung einer Registerstelle selbst im Besitze der fraglichen Daten ist. Die Sicherung sollte daher einer anderen juristischen Person des öffentlichen oder privaten Rechts überlassen werden, etwa einer Universität.

Über die Praktikabilität der asymmetrischen Verschlüsselung lagen bei Erlaß des KRG keine hinreichenden Erfahrungen vor[310]. Das Verfahren der asymmetrischen Verschlüsselung von Identitätsdaten hat nach dem KRG „dem Stand der Technik zu entsprechen"[311]. Diese Anforderung gilt dem gesetzlichen Zusammenhang nach für Neumeldungen. Sie muß jedoch ebenso für die Daten bereits registrierter Patienten gelten, sonst wäre das Niveau der Datensicherung relativ zum Zeitpunkt der Meldung. Die Vertrauensstelle müßte die Datenbestände daher gegebenenfalls „nachrüsten".

4. Auftragsdatenverarbeitung

Ebenfalls durch die Organisation der Datenverarbeitung bestimmt ist die Datenverarbeitung im Auftrag einer verantwortlichen Stelle. Von der Treuhand unterscheidet sich die Auftragsdatenverarbeitung dadurch, daß der Auftragnehmer ausschließlich nach den Weisungen des Auftraggebers handelt[312]. Aus datenschutzrechtlicher Sicht bedarf die Übergabe von Daten durch den Auftraggeber an den Auftragnehmer keiner Erlaubnis; der Auftragnehmer ist nach § 3 IX 2 BDSG nicht Dritter, so daß eine Übermittlung nicht vorliegt[313]. Gegeben ist jedoch eine Offenbarung iSd. § 203 I StGB, die der Ermächtigung bedarf.

---

[309] § 2 Abs. 3 AGKRG S-H, über den Gesetzestext hinaus ist auch die Nutzung dieser Daten nicht zulässig.
[310] Diesen Mangel beanstandete der BR in seiner Stellungnahme zum Gesetzesentwurf, BTDrs. 12/ 6478, S. 23
[311] § 7 Abs. 1 S. 2 KRG
[312] § 11 Abs. 3 S. 1 BDSG
[313] § 3 Abs. 5 Nr. 3 BDSG

Für Zwecke der epidemiologischen Krebsforschung könnten Krankenhäuser und niedergelassene Ärzte einer Region ein Register mit der Verarbeitung der von ihnen erhobenen Patientendaten beauftragen, dergestalt, daß das Register identifizierende und medizinische Daten trennt, identifizierende Daten nur dem Auftraggeber zur Verfügung stellt, der sie übergeben hat, anonymisierte medizinische Daten dagegen für alle Auftraggeber bereithält, Daten derselben Patienten verknüpft und bei Nachfragen die Verbindung zu dem Auftraggeber herstellt, der den Betroffenen gemeldet hat. Das Register könnte anonymisierte medizinische Daten auch Forschern als datenschutzrechtlich Dritten zur Verfügung stellen und bei Rückfragen die Verbindung zum Auftraggeber schaffen. Zu beachten ist jedoch, daß nicht jede Datenverarbeitung, die entsprechend den Weisungen eines anderen durchgeführt wird, der Privilegierung als Datenverarbeitung im Auftrag unterliegt: Wird nicht nur die Datenverarbeitung, sondern auch die ihr zugrundeliegende Aufgabe übertragen (Funktionsübertragung), so handelt es sich nicht mehr um eine Auftragsdatenverarbeitung[314], die Weitergabe von Patientendaten an ein solches Krebsregister ist dann sehr wohl als Übermittlung anzusehen, bedarf also auch einer Ermächtigung iSd. BDSG.

Praktiziert wird die Auftragsdatenverarbeitung in Bayern. Hier sind an vier Universitäten Tumorzentren eingerichtet, die im Auftrag der angeschlossenen Krankenhäuser Patientendaten für klinische Zwecke der jeweiligen Häuser verarbeiten. Die Rechtsgrundlage hierfür ist Art. 27 IV 5 u. 6 des Bayerischen Krankenhausgesetzes, für niedergelassene Ärzte gilt diese Meldebefugnis nicht. Ziel ist es, diese Register derart auszubauen, daß die für epidemiologische Zwecke erforderliche bevölkerungsbezogene Erfassung gewährleistet ist. Der frühere bayerische Datenschutzbeauftragte erachtet diese Form der Registrierung gegenüber der Errichtung selbständiger Krebsregister als günstiger, da „alle identifizierenden Patientendaten im Verantwortungsbereich von Krankenhäusern bleiben"[315]. Angesichts der von der Behandlungstätigkeit der Krankenhäuser völlig losgelösten selbständigen Datenverarbeitung durch die Register ist jedoch m. E. zweifelhaft, daß es sich hierbei noch um eine Auftragstätigkeit iSd. Datenschutzrechts handeln soll.

---

[314] Büllesbach, Das neue Bundesdatenschutzgesetz, NJW 91, 2593 (2597)
[315] 14. Tätigkeitsbericht BayLfD, S. 13 f.

B. Meldung anonymisierter Daten

Die Meldung absolut anonymisierter Daten unterliegt nicht dem Schutz des informationellen Selbstbestimmungsrechts. Als anonymisiert gelten Daten jedoch auch, wenn der Betroffene bestimmbar ist, sofern der hierfür erforderliche Aufwand im Vergleich zur Bedeutung der Daten für den Empfänger als unverhältnismäßig hoch eingeschätzt wird (faktische Anonymität). Die Aggregierung von Daten oder das bloße Weglassen von Namen und Anschrift des Patienten reichen hierfür nicht in jedem Fall aus. Bei der Bewertung ist nicht nur der zu meldende Datensatz für sich genommen, sondern auch die geplante Verwendung der Angaben zu berücksichtigen. So ist die Identität des Betroffenen anhand eines Datensatzes, der ausschließlich medizinische Angaben wie Geschlecht und Diagnose enthält, an sich nicht bestimmbar - anders, wenn der Befund Brustkrebs ausweist und zur betrachteten Bevölkerung nur eine einzige Frau gehört.

1. Verzicht auf identifizierende Angaben

Meldungen, die durch den Verzicht auf jegliche identifizierende Angaben anonymisiert worden sind, sind für die bevölkerungsbezogene Krebsregistrierung von geringem Nutzen, da der erforderliche Fallbezug nicht hergestellt werden kann. Je mehr Hinweise über die Person in der Meldung enthalten sind, desto größer ist ihr Wert für die Epidemiologie, gleichzeitig aber auch die Gefahr einer Identifizierung des Betroffenen. Bei der Meldung derart anonymisierter Daten sollte daher nicht auf eine gesetzliche Bestimmung der zu meldenden Daten und ihrer Verwendung sowie auf ein Verbot der Identifizierung verzichtet werden.

In Nordrhein-Westfalen ist die Meldung von Patienten, die nicht über ihre Erkrankung aufgeklärt worden sind, beschränkt auf Namen und Anschrift des meldenden Arztes sowie einen Katalog sog. statistisch-epidemiologischer Angaben[316]. Hierzu gehören, neben Einzelheiten der Diagnose, eine Tätigkeitsanamnese mit Angabe von Art und Dauer der hauptberuflich sowie der am längsten ausgeübten und der derzeitigen beruflichen Tätigkeit, Rauchgewohnheiten, Geschlecht und bei Frauen die Zahl der Geburten[317]. Die Meldung ist nach dem Gesetz nur zulässig, wenn kein Grund zur An-

---
[316] § 17 S. 1 GDSG NW
[317] § 16 Abs. 3 Nr. 3 GDSG NW

nahme besteht, daß der Patient die Einwilligung verweigert hätte[318], ein Korrektiv, das den Anschein erweckt, als habe der Gesetzgeber - berechtigte - Zweifel an der Anonymität einer solchen Meldung und wollte die Beeinträchtigung des Betroffenen bei einer Identifizierung so gering wie möglich halten.

2. Meldung unter Kennung

Die Anonymität des Betroffenen wahren, gleichzeitig den für epidemiologische Zwecke erforderlichen Fallbezug herstellen soll der Ersatz identifizierender Daten im Klartext durch eine Kennung. Sofern sich alle Ärzte eines einheitlichen Verfahrens zur Erlangung dieser Kennung bedienen, kann das Register Meldungen korrekt als neue oder bereits erfaßte Patienten betreffend zuordnen. Eine Kennung erlaubt darüberhinaus die Ermittlung des Betroffenen zur Beantwortung von Fragen des Registers oder von Epidemiologen.

Die Bewertung solcher Meldungen als anonym muß sich auch am Stand der Verschlüsselungstechnik orientieren. Der Code, der noch vor einem halben Jahr als nicht reversibel gepriesen wurde, kann vielleicht morgen schon mit einem besseren Taschenrechner entschlüsselt werden. Wenn aber der Aufwand, der zur Wiederherstellung des Personenbezugs erforderlich ist, nicht mehr unverhältnismäßig hoch ist, kann nicht mehr von der Anonymität der Angaben ausgegangen werden, vgl. § 3 VII BDSG. Um die Anonymität zu gewährleisten, müßten die Kennungen daher gegebenenfalls von den Meldern „nachgerüstet" und im Register korrigiert, die alten Kennungen sodann unverzüglich gelöscht werden. Ein weiteres Problem: Die Anonymität der Meldungen könnte zu verstärkter Vielfalt der Meldedaten führen. In diesem Fall muß darauf geachtet werden, daß eine Identifizierung nicht schon anhand der Meldedaten möglich wird.

Ein einheitliches Verfahren zur Erlangung einer Patientenkennung kann nur auf Daten aufbauen, die jedem Arzt gleichermaßen zur Verfügung stehen. Anders als in der DDR gibt es in der Bundesrepublik keine Personenkennzahl, mit deren Hilfe Meldungen individualisiert werden könnten. Eine individuelle Patientenkennung läßt sich jedoch auch durch Verschlüsselung identifizierender Patientendaten vor der Meldung herstellen. Anonymität

---

[318] § 17 S. 1 GDSG NW

sowie epidemiologische Verwertbarkeit dieser extern oder dezentral verschlüsselten Meldung sind wesentlich von den Modalitäten der Verschlüsselung sowie der späteren Ermittlung des Patienten abhängig.

a. Wahl der Kennung

Zwei Arten externer Verschlüsselung kommen in Betracht: Bei einer sprechenden Verschlüsselung werden Informationsblöcke jeweils für sich codiert, dementsprechend besteht die Kennung aus mehreren Teilen. Ein Beispiel[319]: Anton Muster, codiert zu "01", wohnhaft X-Straße 1 in 12345 Y-Stadt, codiert zu "312", geboren am 1.2.1934, codiert zu "541", daraus ergibt sich die Kennung "01.312.541". Bei einem nichtsprechenden Verschlüsselungsprogramm werden Namen, Anschrift und Geburtsdatum zusammen codiert[320], im o.g. Beispiel etwa als Kennung "326598". Auf diese Weise wird gegenüber einer sprechenden Verschlüsselung die Gefahr einer Identifizierung verringert, gleichzeitig entfällt jedoch die Möglichkeit von Plausibilitätskontrollen durch das Register. Problem jeder Verschlüsselung: Bei den Patientennamen führen unterschiedliche Schreibweisen, Unleserlichkeit und Verwechselung von Vor- und Nachnamen zu fehlerhaften Kennungen. Fehler bei der Verschlüsselung wirken sich auf die Deskription wie folgt aus[321]: Bei der Benutzung sehr differenzierter Merkmale kann ein mehrfach gemeldeter Patient aufgrund eines Schreibfehlers o.ä. unterschiedliche Kennzahlen erhalten (synonyme Codes), statt eines einzigen werden also mehrere Fälle registriert. Bei weniger scharfer Differenzierung kann fälschlicherweise mehreren Patienten dieselbe Kennzahl zugewiesen werden (homonyme Codes), statt mehrerer wird also nur ein einziger Fall registriert. Werden statt des vollen Namens nur die Initialen codiert, verringert sich die Fehlerquote, die Trennschärfe der Kennung sinkt jedoch. Fraglich ist, ob dieses die Aussagekraft des Registers beeinträchtigt: Im Rahmen einer einjährigen Pilotstudie zur dezentralen Verschlüsselung in Baden-Württemberg[322] wurden neben Geburtsdatum und Geschlecht die ersten 12 Buchstaben des Geburtsnamens und die ersten sechs des Vornamens alternativ jeweils die Initialen verschlüsselt. Die Trennschärfe betrug im ersten Fall 100 %, im zweiten 97,69 %. Die Unschärfe ist

---

[319] Beispiele mit Phantasie-"Codierung"
[320] Schrage, Zur Frage des Datenschutzes bei Krebsregistern, RDV 90, 116 (119)
[321] Gruner u.a. (Hrsg.), Abschlußbericht, S. 21
[322] Gruner u.a. (Hrsg.), Abschlußbericht S. 21 ff.

also gering, dafür konnte die Synonymrate von 10,1 % im ersten auf 3,7 % (2,6 % - 5,1 %) im zweiten Fall reduziert werden. Für ein auf dieser Basis arbeitendes Krebsregister ergab sich daraus eine Überschätzung der Inzidenz von 2,9 %, bei extremer Annahme von 9,8 %, was die Studienleitung aus epidemiologischer Sicht als akzeptabel bewertete. Datenschutzrechtlich verdient die Beschränkung auf die Anfangsbuchstaben insofern den Vorzug, als die Identität des Patienten regelmäßig nicht allein durch Entschlüsselung der Kennung bestimmt werden kann. Plausibilitätskontrollen der Geschlechtsangaben mit Hilfe des Vornamens entfallen allerdings bei verschlüsselten Angaben, auch Zahlendreher im Geburtsdatum lassen sich nicht ohne weiteres erkennen[323].

b. Probleme in der Praxis

Das Prinzip der externen oder dezentralen Verschlüsselung soll Meldedaten eine anonyme Meldung ermöglichen. Praktiziert wird das Modell in Baden-Württemberg[324] und Schleswig-Holstein[325]. In beiden Ländern ist die Anonymität der Meldung aufgrund der konkreten Ausgestaltung des Verfahrens in Frage gestellt:

In Schleswig-Holstein[326] werden bestimmte Identitätsdaten, die nach dem KRG zu melden sind, wie folgt durch Kennungen ersetzt: Anstelle von Familiennamen, Vornamen und früheren Namen gibt der Arzt einen aus sechs Zahlen bestehenden Namenscode an, der nach einer dem SH AGKRG als Anlage beigefügten Tabelle aus den Anfangsbuchstaben des Vornamens (v), des Familiennamens (n) und des Geburtsnamens (g) nach

---

[323] Schrage, Zur Frage des Datenschutzes bei Krebsregistern, RDV 90, 116 (119)
[324] Nicht alle meldenden Ärzte verfügen über die erforderliche EDV-Ausstattung. In diesem Fall erfolgt die Meldung personenbezogen mit anschließender Verschlüsselung im Register, § 4 Abs. 1 BW LKrebsRG.
[325] Auch der Hessische Entwurf sieht eine dezentrale Verschlüsselung vor, er entspricht im Wesentlichen der Schleswig-Holsteinischen Regelung. In dem nach Fertigstellung dieser Arbeit in Kraft getretenen Hessischen Ausführungsgesetz wurde nach Intervention des Hessischen Datenschutzbeauftragten die Bezeichnung „anonyme" Meldung durch „codierte" Meldung ersetzt. Die externe Verschlüsselung erfolgt nur, sofern der Patient nicht in die Meldung personenbezogener Daten eingewilligt hat, § 3 Abs. 1 S. 2 SH AGKRG, § 2 Abs. 2 S. 3 Hess E-AGKRG.
[326] § 3 Abs. 2 SH AGKRG, ebenso § 2 Abs. 3 Hess E-AGKRG

dem Schema "nnvvgg" gebildet wird. Beispiel[327]: Musterfrau, Angela, geb. Hansen. Namen, die mit Mueller bis Mz beginnen, erhalten die Ziffer 57, An bis AZ erhält die 01, Haa bis Haj wird zu 27, so daß sich vorliegend der Namenscode 570127 ergibt. Anstelle der vollständigen Anschrift meldet der Arzt nur den Wohnort und die Postleitzahl „nach Straße und Hausnummer", dh. fünfstellig. Die Anonymität der Meldung dürfte durch die genannten Veränderungen und Beschränkungen allein nicht in jedem Fall gewährleistet sein: Die Codierungstabelle unterscheidet 98 Buchstaben und Buchstabengruppen[328]. Während weniger verbreitete Anfangsbuchstaben (C, I, O, Q, U, V, X, Y, Z) eine eigene Ziffer erhalten haben, wird bei den stärker verbreiteten Anfangsbuchstaben teilweise sehr fein differenziert. So sind Namen, die mit „B" oder „H" anfangen, in neun Gruppen aufgeteilt, Namen mit „K" in zehn und solche mit „S" in 15 Gruppen, wobei allein auf „Sch" acht Gruppen entfallen. Zusammen mit der Postleitzahl, die bisweilen innerhalb derselben Straße variiert, erscheint eine Bestimmbarkeit von Patienten möglich.

In Baden-Württemberg ist die Anonymität der Meldung durch den Katalog im Klartext preiszugebener Daten über persönliche Verhältnisse des Patienten gefährdet[329]. Dieser Katalog umfaßt die ersten vier Stellen der Postleitzahl, den Gemeindenamen des Wohnortes, Geburtsjahr und Alter des Patienten, Staatsangehörigkeit, Geschlecht, den letzten Beruf und die am längsten ausgeübte Berufstätigkeit sowie gegebenenfalls Todesmonat und -jahr. Die damalige Baden-Württembergische Datenschutzbeauftragte Leuze, „Erfinderin" der dezentralen Verschlüsselung, beurteilte das Identifikationsrisiko bei Angaben über Staatsangehörigkeit, Beruf und Wohnort in kleinen Gemeinden des Landes als nicht unerheblich[330]. Problematisch erscheint auch hier die Regelung, nach der weitere Meldedaten durch Rechtsverordnung zugelassen werden dürfen, soweit sie "für die Zwecke des Krebsregisters von Bedeutung sein können"[331]: Staatliches Handeln im

---

[327] lt. Anlage zu § 3 Abs. 2 SH AGKRG
[328] Sind dem Arzt Teile des Namens nicht bekannt, gibt er die 99 an.
[329] § 2 Abs. 2 Nr. 1 LKrebsRG BW. Unabhängig von den hier betrachteten Modalitäten der Meldung und Speicherung kann die Krebsregistrierung in Baden-Württemberg i.E. nicht als anonym bewertet werden, da prinzipiell alle gespeicherten Daten in einer Weise weitergegeben werden dürfen, die dem Empfänger die Zuordnung zu bestimmten Patienten ermöglicht, § 9 Abs. 3 BW LKrebsRG
[330] 14. Tätigkeitsbericht BW LfD, S. 83, nach diesen Angaben haben 100 der 1111 Städte und Gemeinde weniger als 1000, weitere 50 weniger als 500 Einwohner.
[331] § 2 Abs. 3 BW LKrebsRG

grundrechtsrelevanten Bereich bedarf der Regelung durch Parlamentsgesetz. Ermächtigt der Gesetzgeber die Verwaltung zum Erlaß von Rechtssätzen, so bedarf dieses der hinreichenden Konkretisierung. Davon kann hier jedoch kaum die Rede sein. Die Formulierung „von Bedeutung sein können" eröffnet die Möglichkeit zur Erhebung aller nur denkbaren Daten, sofern diese nicht offenkundig jeglichen Zusammenhangs mit Krebserkrankungen entbehren. Auch der Zusatz, die Daten dürften auch in Kombination mit den im Landeskrebsregistergesetz festgelegten Angaben „nicht mehr oder nur mit unverhältnismäßig großem Aufwand an Zeit, Kosten und Arbeitskraft einer bestimmten oder bestimmbaren Person zugeordnet werden können"[332] ist nicht mehr als eine fast wörtliche Übernahme der Legaldefinition für anonymisierte Daten in § 3 VII BDSG. Als solche dient sie zwar der Klarstellung, daß die - fragliche - Anonymität der Registrierung erhalten werden muß, liefert der Verwaltung jedoch keinerlei Beurteilungskriterien. Auch ist die Behörde nach dem Gesetz weder verpflichtet, noch gehalten, medizinisch und datenverarbeitungstechnisch Sachkundige heranzuziehen. Hier besteht Ergänzungsbedarf.

Noch einmal Schleswig-Holstein: Die Aufteilung von Meldedaten auf zwei Stellen soll verhindern, daß eine Stelle allein den Personenbezug der bei ihr gespeicherten Daten herstellen kann. Schon der Katalog der nach dem KRG bei der Registerstelle zu speichernden Daten warf Zweifel an der Anonymität dieser Daten auf[333]. Das SH AGKRG erlaubt der Registerstelle darüberhinaus die Speicherung von Geburtstag und -ort, der Postleitzahl des Wohnortes nach Straße und Hausnummer, bei Patienten, die einer namentlichen Meldung zugestimmt haben und in Gemeinden mit mehr als 20.000 Einwohnern wohnen, auch den Straßennamen der Wohnung[334]. Diese Speicherung bezeichnete der Schleswig-Holsteinische LfD als ein „nicht zu unterschätzendes datenschutzrechtliches Risiko", da in Schleswig-Holstein „fast die Hälfte der Bevölkerung in Orten mit weniger als 500 Einwohnern lebt"[335]. Die Weitergabe von Daten, die eine bestimmte Person erkennen lassen, ist der Registerstelle untersagt[336]. Dieses Verbot soll die Verarbeitung der Registerdaten verträglich gestalten, dürfte jedoch auch

---

[332] aaO.
[333] S. o. A 3 b
[334] § 4 Abs. 3 SH AGKRG
[335] Bäumler, Schleswig-Holsteinisches Krebsregistergesetz in Kraft, NJW 97, 1622 (1623)
[336] § 9 Abs.1 SH AGKRG

Ausdruck dafür sein, daß dem Gesetzgeber die Möglichkeit einer Identifizierung allein aufgrund der Registerdaten durchaus bewußt gewesen ist. Verbesserungsmöglichkeiten hat der Gesetzgeber bereits vorgesehen, das Gesundheitsministerium ist befugt, „im Benehmen" mit dem LfD die Datenübermittlung an die Registerstelle abweichend zu regeln, wenn dieses erforderlich ist, um eine Deanonymisierung zu erschweren[337].

c. Herstellung des Fallbezuges

Wie findet die Identifizierung des Patienten durch den meldenden Arzt statt? Um eine unbefugte Datenverwendung zu verhindern, muß ein nach dem Stand der Technik irreversibler Code benutzt werden, eine „schlichte" Entschlüsselung entfällt damit. Der Arzt wird sich stattdessen einer Referenzliste bedienen, in die er einerseits die Kennung, andererseits Namen und Anschrift des Patienten einträgt.

(1) Referenzliste

Die Führung einer solchen Liste wirft praktische und rechtliche Schwierigkeiten auf: Die Dokumentation des Krankheitsverlaufs ist eine Nebenpflicht aus dem Behandlungsvertrag[338]. Für die Aufbewahrung der Aufzeichnungen gibt die Musterberufsordnung[339] eine Dauer von 10 Jahren ab Beendigung der Behandlung vor. Für Zwecke der epidemiologischen Verlaufsforschung müßten die Meldestellen ihre Listen jedoch 10-20 Jahre lang aufbewahren[340]. Nach Umfragen im Rahmen der Baden-Württembergischen Pilotstudie zum Modell der dezentralen Verschlüsselung konnten sich von 46 einbezogenen Stellen nur 36 vorstellen, die Daten über diesen Zeitraum hinweg aufzubewahren[341]. Ob die Mitwirkungsbereitschaft der Ärzte ausreicht, muß sich noch erweisen.

---

[337] § 3 Abs. 5 Nr. 5 SH AGKRG
[338] Deutsch, Medizinrecht, S. 243
[339] § 10 Abs. 3 M-BOÄ
[340] Gruner u.a. (Hrsg.), Abschlußbericht, S. 24; Schrage, Zur Frage des Datenschutzes bei Krebsregistern, RDV 90, 116 (120)
[341] Gruner u.a. (Hrsg.) aaO.

Mit dem Abgleich des vom Krebsregister angefragten Merkmals wird eine bestimmte Person durch die Stelle, die die Referenzliste innehat, als krebskranker Patient identifiziert. Bereits die Tatsache, daß jemand einen bestimmten Arzt aufgesucht hat, kann ein Geheimnis sein[342]. Erhält eine Person, die nicht an der Behandlung des Betroffenen beteiligt ist oder war, Kenntnis von seiner Erkrankung, so liegt eine Offenbarung vor, die einer Erlaubnis bedarf.

Wegen der unkomplizierten Handhabung einer Liste, ob automatisiert oder manuell erstellt, besteht die Gefahr, daß unbefugt Kopien angefertigt werden. Daher ist es erforderlich, die Liste vor unerlaubtem Zugriff zu sichern und jede Einsichtnahme unter Angabe des Bearbeiters und der Begründung des Vorganges zu dokumentieren, insbesondere im täglichen Routinebetrieb von Krankenhäusern und Praxen wird dieses wegen nicht immer hinreichender Kenntnis und Motivation der Beschäftigten zur Einhaltung von Datenschutzvorschriften teilweise als schwierig erachtet[343].

(2) Probleme bei Praxisübergabe

Denkbar ist diese Konstellation bei einer Praxisübergabe: Die Übergabe der Referenzliste dürfte in allen Fällen zulässig sein, in denen die Weitergabe der Unterlagen des jeweiligen Patienten an den Praxisnachfolger erlaubt ist. Der BGH sieht die Übergabe einer Patientenkartei, automatisiert oder nicht, an den Praxisnachfolger grundsätzlich nur soweit als zulässig an, als der bisher behandelnde Arzt die ausdrückliche Einwilligung der einzelnen Patienten eingeholt hat[344]. Patienten in laufender Behandlung können mündlich um Einwilligung ersucht werden, alle anderen schriftlich. Bleibt eine zustimmende Antwort aus oder ist der Aufenthalt des Patienten nicht zu ermitteln, liegt es nahe, so das Gericht, daß der fragliche Patient ohnehin nicht die Absicht hatte, den Praxisnachfolger aufzusuchen. Der Vorgänger muß in diesen Fällen die Unterlagen in Gewahrsam nehmen und aufbewahren. Entbehrlich ist eine ausdrückliche Einwilligungserklärung nur, wenn

---

[342] Tinnefeld/Ehmann,Einführung in das Datenschutzrecht, Kap. I 5.1.1
[343] Schrage, Zur Frage des Datenschutzes bei Krebsregistern, RDV 90, 116 (120)
[344] BGH NJW 92, 737 (739) - in dieser Entscheidung gibt das Gericht seine bisherige Rechtsprechung auf, wonach die Weitergabe als durch die mutmaßliche Einwilligung des Patienten gerechtfertigt galt, da es seinen Interessen entsprochen habe, vgl. noch BGH NJW 74, 602

der Patient seine Zustimmung in die Übergabe durch schlüssiges Verhalten zum Ausdruck bringt, insbesondere, wenn er sich in die Behandlung des Praxisnachfolgers begibt und damit seine Erwartung zum Ausdruck bringt, daß sich der Praxisnachfolger die zur Behandlung erforderlichen Unterlagen vom Vorgänger beschafft. Dagegen liegt nicht schon in jedem ersten Aufsuchen einer Praxis die schlüssige Erklärung der Einwilligung in die Weitergabe der Unterlagen zu irgendeinem Zeitpunkt an irgendeinen Praxisnachfolger, da die Möglichkeit einer Praxisübernahme zwar bekannt ist, es hierzu jedoch nicht in jedem Fall kommt. Die von Laufs[345] vorgeschlagene Lösung, die Praxisübernahme in der Tagespresse anzuzeigen mit dem Hinweis, daß jeder Patient der Weitergabe seiner Unterlagen binnen einer bestimmten Frist widersprechen kann, verwarf der BGH mit der Begründung, es obliege dem Arzt, die Einwilligung einzuholen, daher sei es grundsätzlich nicht Sache des Betroffenen, der Weitergabe zu widersprechen, um den Eindruck stillschweigenden Einverständnisses zu verhindern.

Die schriftliche Befragung der behandelten Patienten ist u.U. sehr aufwendig. Die Stellungnahmen in der Literatur konzentrierten sich daher auf die Entwicklung von Verfahren, die einen einfachen Zugriff auf die Daten derjenigen Patienten ermöglichen, die durch Aufsuchen der neuen Praxis die Einwilligung in die Weitergabe der Unterlagen schlüssig erteilt haben. Die Vorschläge basieren im wesentlichen auf einem Zwei-Schrank-Modell[346], bei dem der erste Schrank die Daten derjenigen Patienten enthält, die der Weitergabe zugestimmt haben, der zweite Schrank die der übrigen Patienten. Auf die Unterlagen im zweiten Schrank hat außer dem Praxisvorgänger nur ein nicht-ärztlicher Mitarbeiter des Nachfolgers Zugriff. Zwischen diesem Mitarbeiter und dem Praxisvorgänger wird ein Besitzdienerverhältnis (§ 855 BGB) vereinbart, der Mitarbeiter ist weisungsabhängig gegenüber dem Praxisvorgänger, der alleiniger Besitzer der Unterlagen bleibt[347]. Dabei kommt es nicht darauf an, ob der nicht-ärztliche Mitarbeiter bereits in der Praxis des Vorgängers tätig gewesen ist[348]: Der Wechsel nicht-ärztlicher Mitarbeiter innerhalb einer Praxis verletzt nicht

---

[345] Laufs, Praxisverkauf und Arztgeheimnis - ein Vermittlungsvorschlag, MedR 89, 309
[346] Begriff von Kamps, Der Verkauf der Patientenkartei und die ärztliche Schweigepflicht, NJW 92, 1545 (1546)
[347] Kamps aaO.; Rieger, Praxisverkauf und ärztliche Schweigepflicht, MedR 92, 147 (149)
[348] Rieger aaO.; aA. Kamps aaO.

die bei der Offenbarung von Patientendaten die Reglungen der Datenschutzgesetze verdrängende ärztliche Schweigepflicht, da das Personal den Weisungen und der Aufsicht des Praxisinhabers unterliegt[349]. Nicht anderes kann gelten, wenn nach einem Wechsel des Praxisinhabers derjenige nichtärztliche Mitarbeiter, der Zugang zu den fraglichen Unterlagen erhalten soll, gegenüber dem früheren Praxisinhaber weisungsabhängig ist.

Hinsichtlich der in der Referenzliste gespeicherten Daten ist es m. E. zulässig, daß der Patient bei Eintragung in die Liste auch seine Einwilligung erklärt in die Weitergabe der Daten an den Praxisnachfolger. Die Entbindung von der Schweigepflicht ist hier auf Namen und Anschrift des Patienten beschränkt, so daß der Patient die Tragweite seiner Entscheidung bereits zu diesem frühen Zeitpunkt übersehen kann. Der Patient muß allerdings darauf hingewiesen werden, daß kein Zusammenhang besteht zwischen dieser Einwilligung und der Aufnahme und Fortführung der Behandlung. Die Referenzlistenziffer derjenigen, die in die Weitergabe der Referenzlistenziffer eingewilligt haben, überträgt der Praxisvorgänger in eine neue Liste, der Praxisnachfolger ergänzt diese um die Ziffern derjenigen Personen, die sich später in seine Behandlung begeben haben. Eine Identifizierung wäre danach nicht bei jedem Patienten möglich. Wieweit sich daraus Hindernisse für die epidemiologische Forschung ergeben, kann nicht ohne weiteres beurteilt werden, regelmäßig dürften Meldungen derselben Patienten von unterschiedlichen Ärzten erfolgen, so daß jedenfalls bei diesen Personen eine „Ausweichmöglichkeit" gegeben ist. Wird die Praxis nicht fortgeführt, könnte die gesamte Liste dem zuständigen Landesdatenschutzbeauftragten übergeben werden, der als Kontrollorgan für den öffentlichen Bereich ohnehin befugt ist, die Rechtmäßigkeit auch medizinischer Dokumentationen zu überprüfen, sofern der Patient dem nicht widersprochen hat[350]. Schleswig-Holstein hat mit einer solchen Regelung Neuland betreten: Wenn von einem Arzt keine Meldungen mehr erfolgen, etwa im Falle seines Todes, wird die Referenzliste dem LfD zu treuen Händen übergeben[351]. Dieser hat dann als „Trust-Center" entsprechend den gesetzlichen Regelungen zu verfahren[352], d.h. gegebenenfalls registrierte Personen zu identifizieren[353].

---

[349] BGH NJW 92, 737 (739 f.)
[350] § 24 Abs. 2 BDSG für den Bundesbeauftragten, entsprechende Regelungen enthalten die Landesdatenschutzgesetze
[351] § 3 Abs. 8 SH AGKRG
[352] Bäumler, Schleswig-Holsteinisches Krebsregistergesetz in Kraft, NJW 97, 1622 (1623)

C. Zwischenergebnis

Die Meldung personenbezogener Daten mag die Durchführung der Registrierung vereinfachen. Für die Zwecke der Krebsregistrierung steht mit der dezentralen Verschlüsselung jedoch eine Alternative zur Verfügung. Die dezentrale Verschlüsselung erfüllt die Forderung der Epidemiologen nach Fallbezug. Die Bewertung der Meldung als anonym stößt wegen der rasanten Fortschreitung der Verschlüsselungstechnik auf Schwierigkeiten, sobald es möglich ist, den ursprünglich irreversiblen Code zu entschlüsseln, sind alle im Register erfaßten Patienten bestimmbar, die Anonymität damit aufgehoben - hierin unterscheidet sich das Prinzip der dezentralen Verschlüsselung jedoch nicht von der zentralen Verschlüsselung. Die Gewährleistung des Fallbezugs ist immer mit der Gefahr einer Identifizierung des Patienten verbunden. Unter diesen Umständen erscheint die dezentrale Verschlüsselung als das Mittel, das am wenigsten in das Selbstbestimmungsrecht des Patienten eingreift und ihm zuzumuten ist. Nach Beendigung der Feldstudie bescheinigte auch der damalige Datenschutzbeauftragte des Bundes dem Modell der externen Verschlüsselung bezüglich der Qualität der Daten wie auch unter datenschutzrechtlichen Gesichtspunkten erhebliche Vorteile gegenüber einer namentlichen Meldung[354].

D. Verzicht auf die Einwilligung

Den Verzicht auf die Einwilligung begründen Epidemiologen mit dem Erfordernis möglichst vollzähliger Registrierung. Welche Folge hat die Einwilligungsabhängigkeit für die Vollzähligkeit?

1. Freiwilligkeit der Einwilligung

Der vollzähligen Erfassung steht tendenziell die Freiheit des Einzelnen entgegen, sich in Kenntnis von Umfang und Zweck der Datenverarbeitung auch gegen eine Meldung zu entscheiden. Zwar gibt es keine Erhebungen über die Verteilung von Krebsarten und -stadien bei Patienten, die in die

---

[353] § 3 Abs. 6 S. 5 SH AGKRG
[354] 12. Tätigkeitsbericht des BfD, S. 112 (Statement für die 4. Große Krebskonferenz am 5.12.1989 in Berlin)

Registrierung einwilligen und denen, die eine Registrierung ablehnen[355]. Auch eine systematische Dokumentation von Gründen einer Verweigerung - etwa Gleichgültigkeit, Angst vor Datenmißbrauch, mangelnde Fähigkeit oder Motivation des Arztes, dem Patienten den Nutzen der Registrierung verständlich zu machen, fehlen. Dennoch: Die Monitoring- oder Taskforce-Funktion, die nur bevölkerungsbezogene Krebsregister aufgrund ihrer langfristigen Dokumentation des Krebsgeschehens leisten können, dürfte am ehesten gewährleistet sein, wenn möglichst alle Krebsfälle erfaßt sind, da auf diese Weise auch geringfügige Schwankungen in der Häufigkeit sowie seltene Krankheiten erfaßt werden können. Das bedeutet jedoch keineswegs, daß eine personenbezogene Meldung zulässig ist, wenn es für den Betroffenen weniger belastende Verfahren als die Registrierung personenbezogener Daten gibt.

2. *Unmöglichkeit der Einholung*

Der Verzicht auf die Einwilligung wird auch damit begründet, daß nicht alle Patienten um Einwilligung ersucht werden können. Die einwilligungsabhängige Registrierung sei daher mit einem systematischen Fehler (Bias) behaftet, der die Wiedergabe des tatsächlichen Krebsgeschehens in nicht kalkulierbarer Weise verfälsche[356].

Eine Befragung des Hamburgischen Krebsregisters aus dem Jahre 1988 gibt Aufschluß über Art und Anteil der Fälle, in denen Ärzte sich zur Einholung der Einwilligung nicht imstande sehen[357]: Bei 2,5 % der Patienten lag der Grund für den Verzicht auf die Meldeeinwilligung darin, daß die Betroffenen „nicht nur vorübergehend geistig bzw. psychisch dekompensiert erscheinen oder wegen Schmerzen stark sediert sind und die Tragweite von Aufklärung einerseits und Einwilligung andererseits nicht mehr

---

[355] Reichertz, Diskussionsbeitrag in: Überla/Zeiler, Datenschutz und Wissenschaftsadministration im Gesundheitswesen, S. 65, bekundet „Unbehagen darüber, daß wir über Zahlen und Prozente diskutieren, die keiner genau kennt"; auch Schäfer, Diskussionsbeitrag aaO., S. 64, kritisiert: "Den Bias, der durch Zustimmung oder Nichtzustimmung gerade bei Krebs entsteht, den kennen wir nicht, den vermuten wir alle nur. Und doch leiten wir quasi aus Nichtwissen grundgesetzliche Beschränkungen des Persönlichkeitsrechts ab."
[356] Helmchen, Diskussionsbeitrag in: Überla/Zeiler, Datenschutz und Gesundheitsadministration, S. 63
[357] Thiel, in: Krebs in Hamburg, hrsg. 1991, S. 13 (15 ff.)

erkennen können". Primär (14 % der Fälle) geht es jedoch um Patienten, die nicht über ihren Gesundheitszustand aufgeklärt sind. Hintergrund: Zwar ist der behandelnde Arzt grundsätzlich verpflichtet, den Patienten darüber aufzuklären, daß er überhaupt erkrankt ist und an welcher Krankheit er leidet[358]. Diese sog. Diagnoseaufklärung ist die „erste Voraussetzung des Selbstbestimmungsrechts des Patienten"[359], erforderlich für seine Entscheidungsfindung vor einer medizinischen Behandlung[360]. Ausnahmsweise entbindet die Rechtsprechung den Arzt von der Pflicht zur vollen Diagnoseaufklärung, jedoch nur „in dem besonderen Falle, daß die mit der Aufklärung verbundene Eröffnung der Natur des Leidens zu einer ernsten und nicht behebbaren Gesundheitsschädigung des Patienten führen würde"[361]. Der Arzt soll nicht gezwungen sein, den Heilerfolg durch eine zu weit gehende Aufklärung selbst zu beeinträchtigen, daher wird ihm dieses sog. therapeutische Privileg[362] gewährt. Eine Aufklärung des Patienten einzig mit dem Ziel, dessen Einwilligung in die Krebsregistrierung zu erwirken, wäre dem Patienten angesichts der zu befürchtenden Gesundheitsgefahr, die den behandelnden Arzt zuvor auf die Aufklärung hat verzichten lassen, unzumutbar.

Die in der Hamburger Untersuchung genannten Gründe für den Verzicht auf die medizinische Aufklärung, dementsprechend auch für den Verzicht auf die Einwilligung, gehen jedoch teilweise über die Grenzen des therapeutischen Privilegs hinaus. So wurde der Verzicht auf eine Diagnoseaufklärung auch damit begründet, daß Patienten keine spezifische kurative oder palliative Krebsbehandlung mehr erhielten, darunter solche, die erst

---

[358] Laufs, Arztrecht, Rn. 202; BGH VersR 72, 153 (155)
[359] Kern/Laufs, S.54; Deutsch, Das therapeutische Privileg des Arztes: Nichtaufklärung zugunsten des Patienten, NJW 80, 1305: „Ja, dem Patienten klar zu machen, daß er das mit dem ärztlichen Eingriff verbundene Risiko besser übernehme, anstatt der Krankheit ihren Lauf zu lassen, setzt gewöhnlich voraus, daß dem Patienten reiner Wein über seinen Gesundheitszustand eingeschenkt wird."
[360] Laufs, Arztrecht, Rn. 168
[361] BGHZ 29, 176 (182 ff.); diese Formulierung wird von Tempel als „sehr streng und engherzig" kritisiert, da sie bei der Gefahr psychischer Beeinträchtigungen nicht greife, NJW 80, 609 (614); Deutsch sieht die Befürchtung einer erheblichen Störung als ausreichend an, ob sich diese in der Tiefe des Leidens, in der Dauer oder in den Folgen für Dritten auswirke, sei bedeutungslos, NJW 80, 1305 (1306).
[362] Deutsch, NJW 80, 1305; Kern/Laufs, S. 55 Fn. 2 halten diese Bezeichnung insofern für unzutreffend, als die Regelung nicht den Arzt privilegieren, sondern den Patienten schützen solle.

im Endstadium ihrer Krankheit ins Krankenhaus eingeliefert werden sowie sehr alte Menschen, bei denen während eines Krankenhausaufenthaltes neben einer akuten Erkrankung auch noch ein Krebsleiden erkannt wird, das angesichts ihres hohen Alters voraussichtlich nicht mehr manifest werden oder jedenfalls nicht zum Tode führen wird und wegen der Nebenwirkungen der Therapie unbehandelt bleibt. Nach der Rechtsprechung des BGH ist auch in diesen Fällen eine Aufklärung erforderlich. Die Frage nach einer Ausdehnung des therapeutischen Privilegs soll hier nicht vertieft werden, nur einige Anmerkungen: Eine nicht behebbare Gesundheitsschädigung dürfte nur im Falle eines Selbstmordes[363] gegeben sein. Eine Ausweitung auf Fälle einer ernsten, wenn auch reversiblen Schädigung des Patienten oder auf Fälle, in denen Patienten in hohem Alter mit der Erkrankung, nicht an ihr sterben[364], erscheint menschlich. Eine solche Erweiterung ist jedoch eine Gratwanderung zwischen ärztlicher Fürsorge und Bevormundung[365]. Nicht von dem Fürsorgegedanken geleitet und daher unzulässig ist es, wenn sich Ärzte, wie Simitis andeutet[366], hinter dem therapeutischen Privileg verstecken, um sich nicht mit den Ängsten der Patienten und der Begrenztheit ihrer ärztlichen Möglichkeiten auseinandersetzen zu müssen.

Betrachtet man die Fälle, in denen eine Diagnoseaufklärung nicht erfolgt, so ist der Verzicht auf die Einwilligung unvermeidbar, ebenso bei Patienten, die dauerhaft außerstande sind, die Tragweite ihrer Erklärung zu erkennen[367]. Das bedeutet jedoch auch hier nicht, daß die Meldung in diesen Fällen personenbezogen erfolgen darf, wenn mildere Mittel vorhanden sind.

---

[363] BVerwGE 82, 45 (49)
[364] dazu Herrmann, Soll ein Krebspatient über seine Diagnose aufgeklärt werden?, MedR 88, 1
[365] Letzteres klingt an bei Blohmke/Kniep, Epidemiologische Forschung und Datenschutz, NJW 82, 1324 (1325), die der Ansicht sind, Krebsregister müßten von der allgemeinen datenschutzrechtlichen Auskunftspflicht ausgenommen werden, „um zu verhindern, daß beispielsweise der Patient durch einfache Anfrage beim Register die ungefilterte Wahrheit über sich erfährt".
[366] Simitis, Datenschutz - Ende der medizinischen Forschung? MedR 85, 195 (198)
[367] Weitere 2,5% entfielen auf organisatorische Gründe, wie: „Patient entlassen" und „Schwierigkeiten in der Arzt-Patient-Interaktion". Weder eine mangelhafte Organisation, noch Kommunikationsprobleme lassen einen Eingriff in Rechte des Patienten zu.

3. Meldepflicht

Überzeugen kann das Argument einer vollständigen und unverzerrten Registrierung jedoch nur, sofern die Erfassung tatsächlich auf Vollständigkeit ausgelegt ist. Das ist nicht der Fall, wenn die Entscheidung über eine Meldung dem Arzt überlassen ist (Melderecht)[368] oder der Patient die Möglichkeit hat, der Registrierung zu widersprechen und damit eine Löschung der bereits erfaßten Daten herbeizuführen[369]. Die Statuierung einer Meldepflicht für Krebserkrankungen ist der einzig konsequente Weg zur vollzähligen Registrierung. Die Einhaltung dieser Pflicht dürfte sich zwar kaum überprüfen lassen, da bei der Einsicht in Krankenakten Patienteninformationen offenbart würden, deren Kenntnis für die Überprüfung nicht erforderlich und damit unzulässig wäre, die Möglichkeit sanktionslosen pflichtwidrigen Verhaltens spricht jedoch nicht gegen die Pflicht.

Ärztliche Offenbarungspflichten zur Bekämpfung bestimmter Krankheiten gibt es in unterschiedlichen Bereichen[370]. Gemeinsam ist diesen Meldepflichten, daß sie sich auf übertragbare Krankheiten beziehen: Das Bundesseuchengesetz verpflichtet die Angehörigen bestimmter Berufe zur Meldung von Personen, die an einem der jeweils katalogmäßig aufgeführten Leiden verstorben oder erkrankt sind, krankheitsverdächtig sind und/oder Krankheitserreger ausscheiden. Die Meldung erfolgt personenbezogen, sie ist binnen 24 Stunden nach erlangter Kenntnis bei dem zuständigen Gesundheitsamt zu erstatten. Die gemeldeten Personen stellen aufgrund ihrer ansteckenden Erkrankungen eine potentielle Gefahr für die Gesundheit der Bevölkerung dar. Durch die Offenbarung sollen Auftreten und Ausbreitung der Erkrankungen in der Bevölkerung beobachtet, das Entstehen von Epidemien idealerweise durch rechtzeitiges Einleiten geeigneter Schutzmaßnahmen verhindert werden. Die Erfassung hat einen polizeirechtlichen Hintergrund. Dagegen geht von krebskranken Patienten keine Gefahr aus, sie dienen lediglich als „Fälle" für Forschungszwecke. Es ist m.E. nicht zu

---

[368] § 3 Abs. 1 S. 1 KRG, § 2 Abs. 1 BW LKrebsRG; § 2 Abs. 1 S. 1 BremKRG; § 2 Abs. 1 S. 1 HmbKrebsRG; § 2 Abs. 1 S. 1 MKRG; § 16 Abs. 1 S. 1 GDSG NW; § 9 Abs. 1 SKRG
[369] § 3 Abs. 2 S. 5 KRG; § 2 Abs. 2 S. 4 u. 5 BremKRG; § 12 Abs. 4 HmbKrebsRG, auch vorbeugend möglich (Abs. 5); § 16 Abs. 2 GDSG NW
[370] Weitere ärztliche Offenbarungspflichten gibt es im Bereich der Sozialversicherung zur Prüfung von Leistungspflichten und zur Leistungsabrechnung, zur Verbrechensverhinderung nach §§ 138, 139 StGB, nach dem Personenstandsgesetz sowie nach dem Berufskrankheitengesetz.

erwarten, daß Krebspatienten durch die Meldepflicht als Gefahrenquelle stigmatisiert werden, denn gerade in den letzten Jahren wird in der Öffentlichkeit immer wieder eine lückenlose Dokumentation von Krebserkrankungen zur Ermittlung und Überprüfung von (vermeintlichen) Häufungen gefordert.

Mit der Statuierung einer Meldepflicht ist noch nichts über die Mitwirkung des Patienten gesagt. Meldepflichten bestehen in Mecklenburg-Vorpommern, Sachsen und Schleswig-Holstein, allerdings mit einem gravierenden Unterschied: Während eine personenbezogene Meldung in Schleswig-Holstein nur mit Einwilligung des Patienten zulässig ist, im übrigen jedoch anonym erfolgt[371], melden Ärzte in Mecklenburg-Vorpommern und Sachsen in jedem Fall personenbezogen, ein Widerspruchsrecht steht dem Patienten nicht zu[372].

E. Meldung mit Einwilligung des Patienten

Will man auf eine Meldung personenbezogener Daten nicht verzichten, so kommt jedenfalls in den Fällen, in denen der Patient über seine Erkrankung aufgeklärt ist, eine Meldung mit Einwilligung des Betroffenen in Betracht. Verweigert der Betroffene seine Einwilligung, so wird man sich über diese Entscheidung nicht hinwegsetzen können[373], so daß nur eine Meldung in anonymisierter Form zulässig ist

1. Wirksamkeitsvoraussetzungen

Die Einwilligung ist nach allgemeinen datenschutzrechtlichen Grundsätzen nur wirksam, wenn der einwilligungsfähige Betroffene zuvor auf den Zweck der Speicherung und einer vorgesehenen Übermittlung, auf Verlangen auch auf die Folgen einer Verweigerung hingewiesen worden ist[374]. Die Einwilligung bedarf grundsätzlich der Schriftform[375]. Im einzelnen:

---

[371] Jedenfalls im Prinzip, zu den Bedenken hinsichtlich der Anonymität s. o. B 2 b
[372] § 2 Abs. 2 KrebsRAG MV; § 3 Abs. 5 S. 2 SächsKRGAG
[373] Bull/Dammann, Wissenschaftliche Forschung und Datenschutz, DÖV 82, 213 (220)
[374] § 4 Abs. 2 S. 1 BDSG
[375] § 4 Abs. 2 S. 2 BDSG

a. Inhalt der Unterrichtung

Der Patient muß über Zweck und Umfang der geplanten Datenverarbeitung und -nutzung aufgeklärt werden. Bei der Darstellung des Zweckes muß hinreichend deutlich gemacht werden, daß die Erfassung nicht der Behandlung des Patienten dient, sondern der Krankheitsforschung. Dieser Punkt ist besonders zu beachten, wenn die Dokumentation auch der Nachsorge dient. Der Hinweis darauf, daß dem Patienten aus der Verweigerung seiner Einwilligung keine Nachteile entstehen, sollte jedenfalls bei einem derart verknüpften Register nicht erst auf Verlangen des Patienten gegeben werden, damit die Unterscheidung zwischen Nachsorge und Forschung gewährleistet ist. Berechtigt die Einwilligung in die Meldung das Register ohne gesonderte Einwilligung des Betroffenen zur Weitergabe personenbezogener Daten an Dritte, so ist der Betroffene auch hierüber aufzuklären, anderenfalls ist nicht erst die Weitergabe der Daten an Dritte, sondern bereits die Meldung mangels hinreichender Einwilligung unzulässig.

b. Einwilligungsfähigkeit

Die Einwilligungsfähigkeit hängt davon ab, ob der Patient geistig imstande ist, Bedeutung und Tragweite der Einwilligung und ihre rechtlichen Folgen zu erkennen und sich dementsprechend zu entscheiden. Diese Einsichtsfähigkeit können auch Minderjährige besitzen, in diesem Falle wäre eine Entscheidung der Sorgeberechtigten unwirksam. Ist der Minderjährige nicht einsichtsfähig, so kommt grundsätzlich eine Einwilligung der Eltern in Betracht, die sich nicht an den Vorstellungen der Eltern, sondern an denen des Kindes orientieren muß, um dessen Wohl es geht[376]. Medizinische Behandlung dient dem Kindeswohl. Die Registrierung zu Zwecken epidemiologischer Forschung und Verbesserung der medizinischen Infrastruktur dient jedoch nicht der Behandlung des Minderjährigen. Mit Einwilligung der Eltern dürfen daher nur solche Forschungsvorhaben durchgeführt werden, die im Zusammenhang mit der Behandlung des Minderjährigen stehen[377]. Dabei muß dem Minderjährigen bei Erreichen der Einsichtsfähigkeit, jedenfalls mit Erreichen der Volljährigkeit die Möglichkeit einer eigenen Entscheidung über die weitere Verwendung seiner personenbezo-

---

[376] BVerfGE 72, 122 (137)
[377] Bizer, Forschungsfreiheit und informationelle Selbstbestimmung, S. 292

genen Daten gegeben werden. Verweigert er seine Einwilligung, so sind die Daten zu anonymisieren[378].

c. Exkurs: Mainzer Kinderkrebsregister

Bundesweit ausschließlich auf der Basis von Einwilligungen der Patienten oder ihrer Eltern arbeitet das Kinderkrebsregister in Mainz. Anfang 1980 wurde in Kooperation der Deutschen Arbeitsgemeinschaft für Leukämieforschung und -behandlung und der Gesellschaft für Pädiatrische Onkologie, inzwischen zusammengeschlossen zur Gesellschaft für Pädiatrische Onkologie und Hämatologie (GPOH), das Deutsche Kinderkrebsregister geschaffen. Angesiedelt ist es am Institut für Medizinische Statistik und Dokumentation an der Johannes Gutenberg Universität in Mainz. Mit Daten aus 147 Kliniken und Abteilungen für Pädiatrische Onkologie und Hämatologie in der gesamten Bundesrepublik, in den zwanzig größten Behandlungszentren werden bereits mehr als die Hälfte aller Kinder behandelt, hat das Register die weltweit größte Bezugsbevölkerung. Eine spezialgesetzliche Regelung gibt es nicht, alle Hinweise und Erklärungen befinden sich auf standardisierten Formularen.

Das Kinderkrebsregister verbindet Zwecke der klinischen mit denen der bevölkerungsbezogenen Krebsregistrierung, zu den Zielsetzungen gehören „die Gewinnung von Grundlagen für kontrollierte Therapiestudien sowie ein - theoretisch - unbefristetes Langzeit-follow-up"[379]. Das Verfahren: Klinisch tätige pädiatrische Onkologen melden dem Register Neuerkrankung von Patienten unter 15 Jahren. Personenbezogene Meldungen erfolgen nur mit schriftlicher Einwilligung der Patienten oder der Sorgeberechtigten. In dem Einwilligungsformular[380], das dem Patienten vorgelegt wird, heißt es u.a.: „In dem Bemühen, die Behandlungsmethoden ständig zu verbessern, hat sich unsere Klinik mit anderen zusammengeschlossen, um möglichst viele und genaue medizinische Befunde aus den einzelnen Krankheitsverläufen zu dokumentieren, zu speichern und auszuwerten. [...] Ziel ist es, die so erkannten Verbesserungen möglichst schnell vielen Kindern zugute kommen zu lassen." Das Formular enthält auch Hinweise dar-

---

[378] Bizer, aaO., S. 293
[379] Kaatsch/Michaelis, Das Deutsche Kinderkrebsregister, in: Schön/Bertz/Hoffmeister, Bevölkerungsbezogene Krebsregister Bd. 3, S. 43
[380] Formular V 9/91

auf, daß die Einwilligung jederzeit widerruflich ist und daß aus der Versagung der Mitwirkung kein Nachteil entsteht, enthält dann die Aufforderung: „Bitte geben Sie uns durch ihre Unterschrift im folgenden Ihre Einwilligung!" Aus diesen Ausführungen dürfte den Betroffenen hinreichend deutlich werden, daß die Dokumentation zu Forschungs-, nicht zu Behandlungszwecken erfolgt. Nicht klar wird jedoch, welche Daten hierfür verarbeitet werden sollen, die Angabe, es würden „genaue medizinische Befunde" erfaßt, reicht hierfür nicht aus. Der Patient muß vor seiner Entscheidung wissen, welche Daten erfaßt werden sollen, zu diesem Zweck könnte jedem Einwilligungsformular ein Blanko-Erfassungsbogen beigelegt werden[381].

Der Meldebogen für neu aufgenommene Patienten[382] enthält auf der Rückseite u.a. folgende Anweisungen an den Kliniker:
„Einverständnis zur Datenverarbeitung:
Das schriftliche Einverständnis zur maschinellen Datenverarbeitung muß vom Patienten persönlich eingeholt werden, wenn er:
a) 16 Jahre oder älter ist
b) wenn er jünger ist, aber über genügend Einsichtsfähigkeit verfügt.

Eine Ausnahme besteht dann, wenn die Frage nach dem Einverständnis für den Patienten nicht zumutbar ist (z. B. keine Aufklärung über die Erkrankung). Falls die genannten Bedingungen nicht erfüllt sind, ist das schriftliche Einverständnis von den Sorgeberechtigten einzuholen. Mit dem Ausfüllen dieses Bogens und Ihrer Unterschrift bestätigen Sie die von Ihnen gemachte Angabe über das Vorliegen des Einverständnisses. [...] Wenn das Einverständnis verweigert wurde, tragen Sie bitte nur Geschlecht, Alter, definitive Diagnose und Datum der Diagnosestellung, jedoch keine weiteren Angaben zum Patienten ein." Diese beschränkte Meldung dürfte keinen bestimmten Patienten erkennen lassen.

Das Kinderkrebsregister erfaßt grundsätzlich nur Meldungen von Patienten, die bei der Krebsdiagnose nicht älter als 15 Jahre waren. Die Hälfte der ca. 22. 000 erfaßten Kinder sind jünger als 6 Jahre und drei Monate[383] und da-

---

[381] Die Einsicht in diese Bögen entspricht der Praxis im Kinderkrebsregister, allerdings wird den Betroffenen erst auf Anfrage Einsicht gewährt, pers. Schreiben Kaatsch vom 9.3.1994 an Verf.
[382] Version 11
[383] Jahresbericht 1995 des Deutschen Kinderkrebsregisters, Kaletsch u.a. (Hrsg.), S. 8

mit kaum einwilligungsfähig. Die Erfassung dient dem Wohl von Kindern, jedoch nicht der Gesundheit des jeweils zu registrierenden Kindes. Damit dürfte die Einwilligung der Sorgeberechtigten keine Wirksamkeit entfalten. Jedenfalls ist die zeitlich unbegrenzte Speicherung[384] zu Zwecken des Langzeit-Follow-up unzulässig, wenn der Betroffene nicht bei Erreichen der Einwilligungsfähigkeit seine Einwilligung in die weitere Datenverarbeitung erteilt hat. Die Einwilligung des Betroffenen einzuholen, ist Sache des Krebsregisters, es wäre nicht ausreichend, auf einen Widerspruch seitens des Patienten zu warten.

Das Rheinland-Pfälzische Krebsregistergesetz, 1997 in Kraft getreten, enthält eine Regelung, nach der das Kinderkrebsregister die dort gespeicherten Daten dem für den gewöhnlichen Aufenthalt des Patienten zuständigen Krebsregister anbieten und auf Anforderung übermitteln soll[385]. Da das Kinderkrebsregister ausschließlich auf der Grundlage der Einwilligung der Patienten arbeitet, ist diese Übermittlung nur zulässig, soweit sie von der Einwilligung der Betroffenen umfaßt ist, anderenfalls wäre die Einwilligung in die Meldung mangels hinreichender Aufklärung unwirksam. Vor der Übermittlung personenbezogener Daten von Patienten, die vor Inkrafttreten des Gesetzes registriert worden sind, ist eine entsprechende Einwilligung einzuholen.

d. Schriftform

Die Einwilligung bedarf im Datenschutzrecht grundsätzlich der Schriftform[386], vorgesehen hat diese jedoch nur der Nordrhein-Westfälische Gesetzgeber[387]. Zur Begründung für den Verzicht wird ausgeführt, die Einwilligung in die Meldung berechtige „nur zu einer begrenzten, gesetzlich genau geregelten Datenverarbeitung, bei der eine Verletzung schutzwürdiger Belange des Betroffenen nicht zu erwarten" sei[388]. Diese Auffassung

---

[384] Kaatsch, pers. Schreiben vom 9.3.94 an Verf.
[385] § 6 S. 1 Rh-Pf LKRG
[386] § 4 Abs. 2 S 2 BDSG, entsprechende Regelungen finden sich in den Landesdatenschutzgesetzen
[387] § 16 Abs. 1 S. 1 GDSG NW. In Baden-Württemberg hat der Arzt die Erteilung der Meldung schriftlich festzuhalten, § 4 Abs. 1 S. 3 BW LKrebsRG. Damit wird die Warnfunktion der Schriftform nicht erreicht.
[388] HmbBüDrs. 11/1963, S. 12

verkennt das Schutzbedürfnis gesundheitsbezogener Daten und überschätzt die Trennschärfe der gesetzlichen Regelungen. Auch der Hinweis[389] auf die formlose Entbindung von der ärztlichen Schweigepflicht im Strafrecht überzeugt nicht[390]; zum einen gilt für die Einwilligung im Strafrecht, anders als im Datenschutzrecht, generell kein Schriftformerfordernis, zum anderen bestehen datenschutzrechtliche und strafrechtliche Anforderungen an die Verwendung von Patientendaten nebeneinander. Schließlich wird geltend gemacht, daß das Vertrauensverhältnis zwischen Arzt und Patienten „möglichst wenig mit Formvorschriften belastet" werden solle[391]. Entgegen dieser Einschätzung dürfte die fragliche Schutzmaßnahme dem Patienten eher den sorgfältigen Umgang mit seinen Daten verdeutlichen und das Vertrauensverhältnis stärken. Die Einhaltung der Schriftform stellt keine erhebliche Beeinträchtigung des Forschungszweckes dar, so daß kein Raum für die Sonderregelung des § 4 III BDSG bleibt. Insgesamt muß an der schriftlichen Einwilligungserteilung festgehalten werden, die im übrigen dem Arzt als Beweis für die durchgeführte Aufklärung dienen kann.

2. Einwilligung ausreichend?

Fraglich ist, ob für die Registrierung personenbezogener Daten die Einwilligung des Betroffenen ausreicht oder ob der Umgang mit den Patientendaten zusätzlich einer gesetzlichen Regelung bedarf. Die Verarbeitung und Nutzung der Daten innerhalb bevölkerungsbezogener Krebsregister sowie die Übermittlung aggregierter Daten durch das Register an Dritte dürften für den Patienten in der Regel so überschaubar sein, daß eine zusätzliche gesetzliche Regelung entbehrlich ist. Bei der Übermittlung von Einzeldaten, anonymisiert oder personenbezogen, durch das Register an Dritte, stellt sich folgendes Problem: Selbst, wenn der Patient weiß, für welche konkrete Studie seine Daten verwendet werden, dürfte er, wenn er nicht gerade epidemiologisch versierter Mediziner ist, kaum beurteilen können, ob es zur Durchführung dieser Studie der Verwendung seiner Daten bedurfte und mit welchen bereits vorhandenen Daten der Empfänger die vom Register erhaltenen Informationen verknüpft werden. Auch die effektive Wahrnehmung von Kontrollrechten wird dem Betroffenen kaum möglich sein. Eine,

---

[389] aaO.
[390] Rzadtki/Wollenteit, Persönlichkeitsrecht und Krebsregistrierung, in: v. Elling/Wunder, Krebsregister, S. 154 (178 f.)
[391] HmbBüDrs. aaO.

unter diesen Umständen wohl erforderliche, gesetzliche Regelung könnte festlegen, daß zwar nicht der Patient, wohl aber das Krebsregister über den genauen Verwendungszweck der Daten aufgeklärt werden müßte, ebenso über Art und Umfang von Daten, mit denen der Empfänger die Registerinformationen zu verknüpfen plant. An diese Angaben könnte der Empfänger gebunden, die Zulässigkeit der Datenverarbeitung und -nutzung bei ihm dann gegebenenfalls überprüft werden.

F. Widerspruchslösung

Das KRG beschreitet hinsichtlich der Mitwirkung des Patienten an der Krebsregistrierung neue Wege: Der Arzt hat den Patient von der beabsichtigten oder erfolgten Meldung zu unterrichten, „auf Wunsch" auch über ihren Inhalt[392]. Der Betroffene hat gegenüber der beabsichtigten oder bereits erfolgten Meldung ein Widerspruchsrecht, auf das er bei der Unterrichtung hinzuweisen ist[393]. Macht der Betroffene von diesem Widerspruchsrecht Gebrauch, so hat der Arzt die Meldung zu unterlassen oder zu veranlassen, daß die bereits gemeldeten Daten gelöscht werden[394]. Die Unterrichtung darf unterbleiben, „solange zu erwarten ist, daß dem Patienten dadurch gesundheitliche Nachteile entstehen können"[395]. In der Meldung ist anzugeben, ob die Unterrichtung stattgefunden hat[396].

Welche rechtliche Wirkung hat diese Konstruktion der „Unterrichtung mit Widerspruchsmöglichkeit" im Vergleich zur Einwilligung? Hinsichtlich der Aufklärung-auf-Wunsch ist festzustellen, daß die bloße Angabe, daß dem Register zur Krebsbekämpfung irgendwelche Daten gemeldet werden oder wurden, datenschutzrechtlich bedeutungslos ist. Erst, wenn der Patient tatsächlich Kenntnis von der Art der fraglichen Daten und dem Umfang der vorgesehenen Verarbeitung hat, kann er hierüber selbstbestimmt entscheiden. Den Zeitpunkt der Unterrichtung, vor oder nach der Meldung, kann der Arzt dem Wortlaut des KRG nach selbst bestimmen. Der Patient erhält erst mit der Unterrichtung die Möglichkeit, über eine Verarbeitung seiner personenbezogenen Daten zu entscheiden. Für den Zeitpunkt der Unter-

---

[392] § 3 Abs. 2 S. 1 u. 5 KRG
[393] § 3 Abs. 2 S. 2 u. 4 KRG
[394] § 3 Abs. 2 S. 6 KRG
[395] § 3 Abs. 2 S. 3 KRG
[396] § 3 Abs. 3 KRG

richtung ergibt sich daraus, daß der Arzt keineswegs die freie Wahl zwischen einer Unterrichtung vor oder nach der Meldung haben kann. Die Unterrichtung des aufgeklärten Patienten hat, wie bei einer Einwilligung[397], vor der Meldung an das Krebsregister zu erfolgen, damit der Betroffene mit seinem Widerspruch eine von ihm nicht gewollte Datenverarbeitung verhindern, nicht lediglich beenden kann[398]. Für diese Auslegung spricht auch der Wortlaut „solange" in der Ausnahmeregelung für die Fälle des therapeutischen Privilegs.

Bis hier entsprechen sich bei verfassungskonformer Auslegung Einwilligung und Widerspruchslösung. Die Situation des „Einwilligungs-Patienten" unterscheidet sich jedoch wesentlich von der des „Widerspruchs-Patienten": Während dort der Patient seinen Willen ausdrücklich erklären muß, soll hier das Unterlassen eines Widerspruches ausreichen. Anders gesagt: Um die Meldung zu verhindern, kann sich der Patient bei der Einwilligungslösung passiv verhalten, hier muß er dagegen seinem behandelnden Arzt aktiv widersprechen. Diesen Unterschied wollte sich der Gesetzgeber offenbar zunutze machen, denn in der Begründung des Gesetzesentwurfes heißt es: „Gemäß früheren Umfragen bei der Bevölkerung und bei Patienten, gerade auch bei Krebskranken, muß nicht damit gerechnet werden, daß eine nennenswerte Zahl von Patienten [...] von ihrem Recht auf Widerspruch Gebrauch machen"[399]. Eine selbstbestimmte Entscheidung ist also nicht gewollt, der Verzicht auf den Widerspruch kann damit nicht als Einwilligung ausgelegt werden[400]. Gegenüber einer Meldung ohne Interventionsmöglichkeiten des Patienten stellt die Widerspruchslösung jedoch ein milderes Mittel dar.

G. Meldung personenbezogener Daten ohne Einwilligung des Patienten?

Gegenüber der Meldung personenbezogener Daten ohne Einwilligung kommt als milderes Mittel nicht in jedem Fall eine Meldung mit Einwilli-

---

[397] § 4 Abs. 2 S. 1 BDSG, dazu Simitis, BDSG § 4 Rn. 32; Auernhammer BDSG § 4 Rn. 11; Schaffland/Wiltfang BDSG § 4 Rn. 6
[398] Im Niedersächsischen Krebsregistergesetz soll dieses ausdrücklich geregelt werden, allerdings nur als Grundsatz. Mit der Verabschiedung des Gesetzes ist nicht vor Mitte 1999 zu rechnen.
[399] BTDrs. 12/6478, S. 11
[400] vgl. Simitis, BDSG § 4 Rn. 55

gung der Betroffenen in Betracht. Die Erforderlichkeit einer Meldung personenbezogener Daten erscheint angesichts der Möglichkeit externer Verschlüsselung zumindest zweifelhaft. Die Qualität der dezentralen Verschlüsselung als gegenüber der einwilligungsunabhängigen Meldung personenbezogener Daten milderes Mittel ist jedoch umstritten, teilweise wird dieses Modell als für epidemiologische Zwecke weniger geeignet bewertet[401]. Daher ist die Zumutbarkeit der personenbezogenen Meldung ohne Einwilligung zu prüfen. Der Einzelne muß Beschränkungen seines Selbstbestimmungsrechtes im überwiegenden Allgemeininteresse hinnehmen[402]. Zur Beurteilung der Zumutbarkeit eines Grundrechtseingriffes sind die Schwere des Eingriffs und die Bedeutung des dahinterstehenden öffentlichen Interesses festzustellen und abzuwägen[403].

1. Schwere des Eingriffs

Aus der Sicht des Betroffenen ist jede Preisgabe personenbezogener Daten ohne seine Einwilligung ein schwerer Eingriff, weil er insoweit sein Recht, selbst über die Preisgabe zu entscheiden, nicht mehr ausüben kann[404]. Bei objektiver Betrachtung kann es sich jedoch um einen leichten Eingriff handeln, insbesondere, weil die fraglichen Informationen offensichtlich sind[405]. Gesundheitsdaten sind, jedenfalls in den Einzelheiten, nicht jedem erkennbar. Von der ärztlichen Schweigepflicht geschützt, gehören sie zu den sensiblen Angaben, für Krebsdaten dürfte das aufgrund des oft problematischen Verlaufs der Erkrankung und der oft zwiespältigen Gefühle, die das Wissen um eine Krebserkrankung bei anderen hervorruft, große Anteilnahme einerseits, ein hilfloses, erschrockenes Zurückweichen andererseits, in besonderem Maße gelten. Neben den medizinischen Daten werden oft Angaben zur Lebensweise des Patienten erfragt, die für sich genommen zwar weniger sensibel, sogar in der Öffentlichkeit zu beobachten sind, wie Beruf, Ernährung, Rauchgewohnheiten, im Zusammenhang mit der Suche nach den Krankheitsursachen jedoch einen höheren Stellenwert erhalten. Die Zweckänderung, die darin liegt, daß Daten, die zur Behandlung von

---

[401] BTDrs. 12/6478, S. 11
[402] BVerfGE 65, 1 (44)
[403] Bizer, Forschungsfreiheit und informationelle Selbstbestimmung, S. 202
[404] Bizer aaO.
[405] Bull/Dammann, Wissenschaftliche Forschung und Datenschutz, DÖV 82, S. 213 (219)

Krebserkrankungen erhoben wurden, für die Erforschung von Krebserkrankungen verwendet, ist insofern eher gering, als es in beiden Fällen darum geht, Möglichkeiten der Krebsbekämpfung zu finden. Im Ergebnis handelt es sich bei der einwilligungsunabhängigen personenbezogenen Meldung jedoch um einen schweren Eingriff in das Persönlichkeitsrecht des Patienten.

2. Öffentliches Interesse

Unabhängige wissenschaftliche Forschung liegt regelmäßig im öffentlichen Interesse[406]. Das Interesse an der personenbezogenen Meldung ohne Einwilligung der Betroffenen liegt darin, eine den Anforderungen der Epidemiologie genügende, d.h. vollzählige und fallbezogene Erfassung des Krebsgeschehens als Grundlage für die epidemiologische Erforschung von Krebsursachen zu erhalten.

3. Abwägung

Epidemiologen betonen stets, daß sie nicht an der Identität, sondern an der Individualität der Patienten interessiert sind. Einmal in den Bereich der Forschung gelangt, dürfen personenbezogene Daten nur noch für Forschungszwecke, also nicht etwa gezielt zum Nachteil des Betroffenen verwendet werden, darüberhinaus sind sie so früh wie möglich zu anonymisieren[407]. Das spricht zunächst dafür, daß der Betroffene eine entsprechende Meldung hinnehmen muß. Die Unzumutbarkeit der Weitergabe von Patientendaten ohne Einwilligung wird durch andere Faktoren begründet:

a. Aufgeklärte Patienten

Die ärztliche Verschwiegenheit ist die Grundlage des Vertrauens zwischen Arzt und Patienten. Im Schutz dieses Schweigens offenbart der Patient die Informationen, die zur Klärung von Art und Ursache seines Leidens beitragen können, und zwar allein zu dem Zweck, der Gegenstand der Vereinbarung zwischen ihm und dem Arzt ist, der Behandlung. Vor Stellung der

---

[406] Bizer, Forschungsfreiheit und informationelle Selbstbestimmung, S. 171 ff.
[407] § 40 Abs. 1 u. 3 BDSG

Diagnose kann der Patient nicht damit rechnen, daß die Informationen, die er zur Behandlung seines Leidens preisgibt, später Gegenstand einer personenbezogenen Meldung werden können. Rechnete er damit, so würde er dem Arzt, etwa aus Angst vor Sanktionen oder ganz einfach, weil er mit der Weitergabe der Daten nicht einverstanden ist, möglicherweise bestimmte Informationen im Zusammenhang mit seiner Erkrankung verschweigen, auch, wenn er damit seine Behandlung erschweren, jedenfalls nicht in dem ihm möglichen Maße fördern würde. Ein solches Verschweigen mag unvernünftig sein, es ist jedoch Ausdruck seiner Selbstbestimmung im informationellen wie im gesundheitlichen Bereich. Ein der Behandlung vorangehender Hinweis in Anlehnung an die sog. Miranda-Warnung („Alles was Sie jetzt sagen, kann gegen Sie verwendet werden!"), in welchen Fällen der Arzt zu einer Meldung befugt oder verpflichtet ist, würde es den Patienten erlauben, eine entsprechende Entscheidung zu treffen. Diese Überlegung ist jedoch eher theoretischer Art, denn vermutlich würde ein solcher Hinweis Patienten lediglich verunsichern und unbegründetes Mißtrauen gegenüber dem Arzt schüren. Die einwilligungsunabhängige Meldung unterhöhlt das Vertrauensverhältnis zwischen Arzt und Patient, als „Nebenwirkung" wird damit die Grundlage der Erlangung der fraglichen Daten gefährdet.

b. Nicht-aufgeklärte Patienten

Unzumutbar ist die personenbezogene Meldung ohne Einwilligung auch für diejenigen, die nicht über ihre Erkrankung aufgeklärt sind[408]. Die unterlassene medizinische Aufklärung ist der erste Eingriff in das Selbstbestimmungsrecht der Patienten, seine Erforderlichkeit im konkreten Fall schwer zu überprüfen. In einer Meldung personenbezogener Daten läge ein weiterer Eingriff, dabei wird das Selbstbestimmungsrecht des Patienten jeweils dadurch „auf Null reduziert", daß er weder von der Krankheit noch von der Meldung erfährt. Der Patient ist damit auf die Kontrolle von außen angewiesen. Im Fall des therapeutischen Privilegs wird die Ausnahme einer Datenverarbeitung ohne Einwilligung des Betroffenen zur Regel[409].

---

[408] I. E. ebenso für die einwilligungsunfähigen Patienten.
[409] Bizer, Forschungsfreiheit und informationelle Selbstbestimmung, S. 258; Simitis, Datenschutz - Ende der medizinischen Forschung?, MedR 85,195 (198)

Epidemiologische Forschung ist auf die Kooperation von Forschern und Patienten angewiesen; Deskription liefert Anhaltspunkte für mögliche kausale Faktoren, hinreichend sichere Aussagen lassen sich jedoch erst im Wege der Analyse treffen, hierfür bedarf es regelmäßig des Rückgriffs auf den Patienten. Bei der personenbezogenen Erfassung nicht-aufgeklärter Personen werden die Betroffenen nicht als Partner anerkannt, sondern zu Datenspendern degradiert. Die Sorge um die Integrität des Patienten, die sich im Verzicht auf die Einwilligung idealerweise ausdrückt, wird geradezu in ihr Gegenteil verkehrt. Geboten ist hier nicht der Verzicht auf die Meldeeinwilligung, sondern auf die personenbezogene Erfassung und „Beforschung" der Patienten[410].

V. Speicherung

Die Speicherung identifizierender und medizinischer Daten im Krebsregister kann im Prinzip zusammen oder getrennt erfolgen. Die getrennte Speicherung dieser Datengruppen, sog. File-Trennung, ist eine notwendige Maßnahme zum Schutz vor unbefugtem Zugriff auf personenbezogene Patientendaten. Eine wirkungsvolle File-Trennung setzt voraus, daß die Anonymität der medizinischen Daten an sich gewährleistet ist. Die Speicherung erfolgt nach den Krebsregistergesetzen regelmäßig[411] entsprechend den in der Meldung festgelegten Katalogen identifizierender Daten einerseits, epidemiologischer Daten andererseits. Letere können jedoch für sich genommen nicht immer als anonym bewertet werden[412]. In Schleswig-Holstein umfaßt der Katalog der als epidemiologische Daten zu speichernden Angaben auch einige der als identifizierend zu meldenden Daten[413], der Schutz der File-Trennung vor Identifizierung dürfte hier kaum noch gewährleistet sein.

Sind die medizinischen Daten für sich genommen anonym[414], bedarf es geeigneter organisatorischer Regelungen, um den Zugriff auf personenbezogene Patientendaten auf die gesetzlich vorgesehenen Fälle zu beschränken.

---

[410] so auch Bizer, Forschungsfreiheit und informationelle Selbstbestimmung, S. 258 f.
[411] § 6 Abs. 1 KRG; § 4 Abs. 2 BremKRG; § 4 Abs. 2 Hess E-AGKRG; § 18 Abs. 1 GDSG NW; § 4 Abs. 2 SH AGKRG
[412] zweifelhaft § 3 lit. b BremKRG; § 3 Abs. 1 Nr. 2 Hess E-AGKRG
[413] § 4 Abs. 3 SH AGKRG
[414] § 5 Abs. 1 Nr. 2 HmbKrebsRG; § 16 Abs. 3 Nr. 3 GDSG NW

Das KRG sieht die Verschlüsselung der identifizierenden Daten vor, wobei die zur Entschlüsselung des so erlangten Codes erforderliche Hard- und Software bei einer Stelle außerhalb des Krebsregisters aufbewahrt wird[415]. Doch auch bei diesem Modell stellt sich folgendes Problem: Hinsichtlich der für eine Meldung in Betracht kommenden personenbezogenen und medizinischen Daten des Patienten ist der behandelnde Arzt das Zeugnis zu verweigern berechtigt, § 53 I 1 Nr. 3 StPO. Diesbezügliche Aufzeichnungen und Krankenakten unterliegen nach § 97 I 1 StPO nicht der Beschlagnahme, das gilt nach Abs. 2 der Vorschrift jedoch nur, wenn sich diese Gegenstände im Gewahrsam, dh. in der tatsächlichen Sachherrschaft des behandelnden Arztes befinden. An den Unterlagen, die das Register aufgrund der Meldung erstellt, hat der behandelnde Arzt keinen Gewahrsam. Das Krebsregister, auch, wenn es von einem Arzt geführt wird, hat die fraglichen Daten nicht im Zusammenhang mit einer eigenen ärztlichen Tätigkeit erlangt. Daher besteht weder ein Zeugnisverweigerungsrecht, noch sind die Unterlagen beschlagnahmefrei. Mögliche Lösungen: Eine Ausdehnung dieser strafprozessualen Rechte auf bevölkerungsbezogene Krebsregister, oder umfassender: Statuierung eines Forschungsgeheimnisses durch entsprechende Änderung der StPO.

VI. Übermittlung

Mit der Erfassung von Daten Krebskranker allein tragen Krebsregister nichts zur Erforschung von Krankheitsursachen bei. Die gesammelten Daten müssen Epidemiologen zur Generierung und Überprüfung von Risikofaktor-Hypothesen zugängig gemacht werden. Das Krebsregister kann die gespeicherten Daten selbst auswerten oder Dritten zur Auswertung übermitteln. Die Übermittlung kann in Form aggregierter Daten oder in Form anonymisierter oder personenbezogener Einzeldaten erfolgen. Voraussetzungen dieser Verarbeitungsmöglichkeiten werden im folgenden erörtert.

A. Registerinterne Auswertungen

Krebsregistrierung ist nicht erforderlich, jedenfalls unzumutbar, wenn die Register ihrer Aufgabe, der Krebsforschung zu dienen, nicht in einem Mindestmaß nachkommen. Die routinemäßige Auswertung und Veröffentli-

---

[415] §§ 7 Abs. 1; 8 Abs. 5 KRG

chung aggregierter Daten unter Einbeziehung aller aussagekräftigen Faktoren, die das Register erfaßt hat, gewährleistet, daß die Register nicht zu Datenfriedhöfen verkommen. Nicht alle Gesetze enthalten jedoch entsprechende Regelungen[416].

B. Aggregierte Daten

Aggregierte Daten, d.h. Informationen über mehrere Personen, die derart zusammengefaßt sind, daß sich eine einzelne Information nicht mehr einer einzelnen Person zuordnen läßt, unterliegen keinen datenschutzrechtlichen Beschränkungen, wenn die Daten, was regelmäßig der Fall ist, anonymisiert sind. Der epidemiologischen Forschung dienen aggregierte Daten als Basis-Informationen, als Anhaltspunkte für die Gewinnung neuer, wie auch für die Überprüfung bestehender Risikofaktor-Hypothesen. Darüberhinaus klären sie in gewissem Maße die Bevölkerung über das Krebsgeschehen in der Region auf, tragen damit auch zur gesundheits- und umweltpolitischen Meinungsbildung bei.

Ausdrücklich geregelt ist die Übermittlung aggregierter Daten in Hamburg[417]. Auf Antrag darf das Register die gespeicherten Daten auswerten, um Fragen gezielt zu beantworten. Das Register soll eine solche Auswertung vornehmen, wenn der Antragsteller die Daten für Zwecke der wissenschaftlichen Forschung benötigt[418]. Mit der Übermittlung aggregierter Daten auf Antrag entspricht das Hamburgische Krebsregister einem verbreiteten Bedürfnis nach datenverarbeitungstechnischen Dienstleistungen, die Begründung nennt als Beispiel, daß „ein Arzt für die Entscheidung, wo er seine Praxis eröffnen soll, diejenigen Stadtteile wissen möchte, in denen besonders viele Krebspatienten wohnen"[419].

C. Anonymisierte Einzeldaten

Das größte Problem bei der Erhebung, Verarbeitung und Nutzung anonymer Daten ist ihre Bewertung als faktisch anonym, gegeben nur, wenn der

---
[416] Verpflichtung zur regelmäßigen Veröffentlichung besteht nach § 1 Abs. 3 BW LKrebsRG; § 6 HmbKrebsRG; § 1 Abs. 2 S. 1 MKRG; § 2 SKRG
[417] § 7 HmbKrebsRG
[418] § 7 Abs. 1 HmbKrebsRG
[419] HmbBüDrs. 11/1963, S. 15

Einzelne weder anhand der gemeldeten Daten allein, noch aufgrund von Verknüpfungen der Meldedaten mit anderen Informationen bestimmbar ist. Die Bewertung eines Datensatzes als anonym kann bereits bei der Datenverarbeitung innerhalb des Registers Schwierigkeiten aufwerfen, wegen des begrenzten Umfangs der erfaßten Daten ist im Prinzip jedoch ersichtlich, ob Patienten bestimmbar werden. Anders bei der Übermittlung an Dritte: Anonyme Daten sind für diverse Vorhaben verwendbar, scheinbar unbedenklich verwendbar, "verführen" sie zur Bildung von Datenpools, die mit vielfältigen Informationen gespeist werden und diese wiederum an andere Datenpools leiten, in denen eine weitere Vermischung stattfindet. Die ursprüngliche Anonymität der Daten ist durch unkontrollierbare Verknüpfungen gefährdet. Daraus ergeben sich folgende Regelungsbedarfe: Zunächst muß das Krebsregister prüfen, ob die zu übermittelnden Daten an sich anonym sind. Einige Registergesetze enthalten lediglich die Anweisung an das Register, die Daten vor Übermittlung zu anonymisieren[420], andere legen selbst einen bestimmten Datenkatalog fest[421].

Kritisch zu betrachten ist der Begriff der Anonymität, wie er im HmbKrebsRG verwendet wird: Abweichend von § 4 VII BDSG, wonach Daten erst anonymisiert sind, wenn sie nur mit großem Aufwand "einer bestimmten oder bestimmbaren Person zugeordnet werden können, gelten Daten hier als anonymisiert, "wenn sie keine bestimmte Person erkennen lassen". Eine Angleichung an das BDSG ist angezeigt. Baden-Württemberg hat einen Datenkatalog festgeschrieben[422], dessen Anonymität erscheint jedoch zweifelhaft[423], so dürfen neben medizinischen Daten auch Geburtsjahr, Alter, Geschlecht, Staatsangehörigkeit, Stadt- oder Landkreis und Gemeinde, in der der Betroffene wohnt, der letzte Beruf und die am längsten ausgeübte Berufstätigkeit, sowie bestimmte Angaben nach dem Berufskrankheitenverfahren (Art und Dauer der Tätigkeiten, Gewerbezweig, Art, Dauer und Höhe der Exposition) übermittelt werden.

---

[420] § 5 Abs. 2 iVm. § 1 Abs. 2 S. 2 KRG; § 8 MKRG; § 6 SKRG
[421] § 9 Abs. 1,2 BW LKrebsRG; § 8 Abs. 2 iVm. § 5 Abs. 1 Nr. 2 HmbKrebsRG; § 19 Abs. 1 u. 2 GDSG NW. In Baden-Württemberg und Nordrhein-Westfalen werden die fraglichen Datengruppen nicht ausdrücklich als anonym bezeichnet, daß sie als solche betrachtet werden, ergibt sich daraus, daß ihre Übermittlung, anders als für die personenbezogenen Daten vorgesehen, weder der Einwilligung des Betroffenen, noch einer behördlichen Genehmigung bedarf.
[422] § 6 Abs. 1 Nr. 3 BW LKrebsRG
[423] 14. Tätigkeitsbericht BW LfD, S. 83

Weiterer Regelungsbedarf besteht bei der Übermittlung anonymer Daten darin, die Anonymität der Daten auch beim Empfänger zu wahren. Sofern der potentielle Empfänger die fraglichen Angaben nicht ohne jegliche Verknüpfungsmöglichkeit, auch gegen Zugriffe anderer Stellen gänzlich abgeschottet, verarbeitet, müßte an sich genau ermittelt werden, zu welcher Art von Datensammlungen er Zugang hat, welchen Stellen der Zugriff auf die bei ihm gespeicherten Daten möglich ist, auf welche anderen Datensammlungen diese Stellen zugreifen können, wer wiederum auf ihre Datensammlungen zurückgreifen kann und so weiter, bis die Strukturen wie ein Stammbaum offenliegen und beurteilt werden können - ein kaum darstellbarer Aufwand, der die Übermittlung anonymer Daten praktisch unmöglich machen würde.

Zur Gewährleistung unabhängiger wissenschaftlicher Forschung[424] bei einem angemessenen Standard der Datensicherung empfiehlt es sich, den Kreis der Empfänger zu begrenzen, vor allem auf Universitäten und vergleichbare wissenschaftliche Einrichtungen und den Empfänger zu verpflichten, die Daten nur für das konkrete Forschungsvorhaben zu verwenden, zu dessen Durchführung ihm die Daten übermittelt worden sind[425] und nicht weiterzugeben, sie unverzüglich zu löschen, wenn sie zur Durchführung des konkreten Projekts nicht mehr erforderlich sind, die Daten nicht unbefugt zu deanonymisieren und eine unvorhersehbare Deanonymisierung unverzüglich rückgängig zu machen. Saarland und Hamburg erlauben die Übermittlung auch an Einzelpersonen. Während es hierfür im Saarland[426] des Nachweises eines besonderen wissenschaftlichen Interesses bedarf, ist die Übermittlung in Hamburg nur zulässig, wenn das Forschungsvorhaben für die Krebsbekämpfung „bedeutsam" ist[427]. Bewertungskriterien hat der Gesetzgeber nicht festgelegt, hinreichender Schutz vor willkürlichen Entscheidungen ist damit nicht gewährleistet.

D. Personenbezogene Daten

Die Übermittlung personenbezogener Daten aus dem Krebsregister ermöglicht die Einbeziehung der Betroffenen in epidemiologische Studien; bei

---

[424] Bizer, Forschungsfreiheit und informationelle Selbstbestimmung, S. 171 ff.
[425] § 8 Abs. 1 S. 1 HmbKrebsRG; ähnlich § 8 MKRG, § 6 S. 2 SKRG
[426] § 6 S. 2 SKRG
[427] § 8 Abs. 1 S. 2 HmbKrebsRG, ähnlich § 8 Abs. 1 S. 1 KRG: „bei wichtigen [...] Forschungsvorhaben"

Fall-Kontroll-Studien kann das Krebsregister Fälle mit der fraglichen Krebsart ermitteln, bei Kohortenstudien kann in regelmäßigen Abständen beim Krebsregister angefragt werden, ob Kohortenmitglieder als krebskrank gemeldet worden sind, gegebenenfalls auch Diagnose und Vitalstatus. Wie die Meldung kann auch die Übermittlung personenbezogener Daten im Prinzip mit oder ohne Einwilligung des Betroffenen erfolgen.

1. Allgemeine Regelungen für die Weitergabe personenbezogener Daten an Dritte

Unabhängig davon, ob eine Übermittlung mit oder ohne Einwilligung des Betroffenen zugelassen werden soll, bestehen folgende Regelungsbedarfe:

a. Zweck der Übermittlung

„Forschung",[428] „Vorhaben der Krebsforschung"[429], „im öffentlichen Interesse stehende [...] Forschungsaufgaben"[430] - die Zweckbestimmung „Forschung" allein gewährleistet keine Bindung an das Wohl der Allgemeinheit. Diese Bindung ist jedoch von Bedeutung für die Frage der Zumutbarkeit einer Übermittlung. § 40 I BDSG gewährt personenbezogenen Daten, die für Zwecke der wissenschaftlichen Forschung erlangt worden sind, einen gewissen Schutz vor Zweckänderungen. Über die hier vorausgesetzte Verwendung wissenschaftlicher Methoden hinaus muß für eine angemessene Verwendung der Registerdaten jedoch auch die Unabhängigkeit von forschungsfremden Vorgaben sichergestellt sein[431].

---

[428] § 9 Abs.1 MKRG
[429] § 9 Abs. 1 HmbKrebsRG
[430] § 8 Abs. 1 KRG. Diese Regelung erlaubt auch die Übermittlung personenbezogener Daten für „Maßnahmen des Gesundheitsschutzes". Der Forschungszweck der Registrierung ist mit der gleichzeitigen Verwendung der Daten zur Verbesserung der medizinischen Infrastruktur vereinbar, nicht jedoch mit der Verwendung für gezielte Maßnahmen gegen registrierte Personen. Die Formulierung „Maßnahmen des Gesundheitsschutzes" schließt letztere - etwa ein an die Mutter gerichtetes Verbot, in Gegenwart ihrer Kinder zu rauchen - nicht aus, der Normenklarheit ist damit nicht genügt.
[431] so § 9 Abs. 3 BW LKrebsRG; § 7 Abs. 2 BremKRG; § 7 Abs.2 Hess E-AGKRG; § 19 Abs. 3 GDSG NW

Der durch § 40 I u. II BDSG gewährte Schutz ist beschränkt darauf, daß personenbezogene Daten, die für Zwecke der wissenschaftlichen Forschung erlangt worden sind, den Bereich der wissenschaftlichen Forschung nicht mehr verlassen dürfen. Eine Weitergabe der aus dem Krebsregister erlangten Daten an weitere Stellen wäre danach zulässig. Diese Regelung ist für Zwecke der epidemiologischen Krebsforschung zu weit: Zum einen ist die Weitergabe von Registerdaten durch den Empfänger an „Vierte" nicht erforderlich, da bei Vorliegen der Voraussetzungen einer Übermittlung der „Vierte" personenbezogene Daten direkt aus dem Register erhalten könnte. Zum anderen ist die Weitergabe dem Patienten auch nicht zuzumuten, weil die Datenverarbeitung mit jedem weiteren Glied an Transparenz verliert. Eine Übermittlung personenbezogener Daten aus dem Krebsregister ist damit nur zulässig, wenn der Empfänger sich verpflichtet, diese nur für ein bestimmtes Forschungsvorhaben zu verwenden und sie weder an „Vierte", noch zurück an das Krebsregister zu geben, sog. „Einbahnstraßen- und Sackgassen"- Regelung[432]. Die Durchsetzung dieses Zweckbindungsgebotes setzt voraus, daß die anfragende Stelle dem Krebsregister hinreichend bestimmt mitteilt, für welches Forschungsvorhaben sie die Daten benötigt[433]. Schließlich muß sich die Übermittlung auf diejenigen Daten beschränken, die zur Durchführung des fraglichen Vorhabens erforderlich sind.

b. Empfänger

Die Einbahnstraßen- und Sackgassen- Regelung bezieht sich nicht nur auf den Verwendungszweck, sondern besagt auch, daß die Verarbeitung und Nutzung von Patientendaten nur demjenigen erlaubt ist, dem das Krebsregister die Daten übermittelt hat[434]. Die anfragende Stelle muß sich daher gegenüber dem Krebsregister identifizieren und mitteilen, welcher Personenkreis mit der Datenverarbeitung und -nutzung befaßt werden soll und wer für die Durchführung des Forschungsvorhabens verantwortlich ist[435].

---

[432] Bull/Dammann, DÖV 82, 213 (221); Bizer, Forschungsfreiheit und informationelle Selbstbestimung, S. 265
[433] § 8 Abs. 6 KRG; § 9 Abs. 3 S. 4, Abs. 5 BW LKrebsRG; § 7 Abs. 2 S. 4, Abs. 4 BremKRG; § 9 Abs. 3 u.-5 HmbKrebsRG; § 7 Abs. 2 S. 4, Abs. 4 Hess E-AGKRG; § 9 Abs. 3 S. 2, Abs. 4 MKRG; § 19 Abs. 5 GDSG NW; § 6 Abs. 4 S. 2, Abs. 5-8 SH AGKRG
[434] Bizer, Forschungsfreiheit und informationelle Selbstbestimmung, S. 263 ff.
[435] so ausdrücklich § 9 Abs. 3 S. 4 Nr. 1 BW LKrebsRG; § 9 Abs. 3 S. 1 Nr. 1

Eine Beschränkung des Empfängerkreises auf öffentliche Stellen[436] ist verfassungsrechtlich nicht geboten. Maßgeblich ist der Standard des Datenschutzes, den der potentielle Empfänger bietet[437]. In diesem Sinne gleicht das KRG die Anforderungen an die Datensicherheit bei nicht-öffentlichen Stellen insofern denen bei öffentlichen Stellen an, als die Aufsichtsbehörde, zuständig für den nicht-öffentlichen Bereich, zur anlaßunabhängigen Kontrolle des Datenschutzes ermächtigt wird[438], in Schleswig-Holstein verpflichtet sich der Antragsteller zusätzlich, die Kosten der Kontrolle zu tragen[439].

2. Übermittlung mit Einwilligung des Betroffenen

Bei geeigneter Ausgestaltung der Einwilligung wird das Selbstbestimmungsrecht des Patienten bei dieser Übermittlung nicht beeinträchtigt. Aus epidemiologischer Sicht ist die Einwilligungsabhängigkeit nicht zufriedenstellend, da nicht gewährleistet ist, daß Daten aller registrierten Patienten für eine Übermittlung zur Verfügung stehen. Die Einwilligung in die Übermittlung personenbezogener Daten durch das Register an Dritte kann generell oder im Einzelfall erfolgen.

a. Generelle Einwilligung

Die Einwilligung des Patienten in die Weitergabe seiner Daten kann zusammen mit seiner Einwilligung in die Meldung eingeholt werden. Vorher muß der Patient über die in Betracht kommenden Verwendungszwecke, die Art der für eine Übermittlung zur Verfügung stehenden Daten und den Kreis der Empfänger aufgeklärt worden sein[440]. Die Einwilligung in die

---

HmbKrebsRG; § 9 Abs. 3 S. 1 Nr. 1 MKRG; § 6 Abs. 4 S. 1 Nr. 1 SH AGKRG, alle in Anlehnung an § 75 Abs. 2 S. 3 Nr. 1 SGB X.

[436] so § 9 Abs. 1 HmbKrebsRG; § 19 Abs. 3 GDSG NW

[437] 5. Tätigkeitsbericht BfD, S. 47; Bull/Dammann, Wissenschaftliche Forschung und Datenschutz, DÖV 82, 213 (218); Bizer, Forschungsfreiheit und informationelle Selbstbestimmung, S. 263

[438] § 8 Abs.7 KRG

[439] § 6 Abs. 2 S. 1 Nr. 2 iVm. Abs. 3 SH AGKRG, dazu Bäumler, Schleswig-Holsteinisches Krebsregistergesetz in Kraft, NJW 97, 1622 (1623)

[440] § 2 Abs. 1 S. 2 iVm. § 9 HmbKrebsRG, verfassungskonform gelesen hat sich die Unterrichtung „über die Aufgaben des Hamburgischen Krebsregisters" auch auf die

personenbezogene Anfrage beim Krebsregister im Rahmen von Kohortenstudien kann zusammen mit der Einwilligung in die Teilnahme an der Studie erteilt werden.

b. Einwilligung im Einzelfall

Die gesonderte Einholung der Einwilligung für die konkrete Weitergabe ist sehr aufwendig: Regelmäßig werden in eine epidemiologische Studie mehrere tausend Probanden einbezogen. Jede in Betracht kommende Person müßte gesondert über den Verwendungszweck aufgeklärt und um Einwilligung ersucht werden. Datenschutzrechtlich ist dieses Verfahren nicht erforderlich. Angesichts der Komplexität epidemiologischer Fragestellungen erscheint es auch zweifelhaft, ob Angaben über den Zweck eines konkreten Forschungsvorhabens zur Findung einer informierten, selbstbestimmten Entscheidung beizutragen vermögen oder ob das Ergebnis eher zufällig ist, je nachdem, wie verständlich die Informationen waren, ob sich der Patient dadurch unter Druck gesetzt fühlte, daß es jetzt gerade auf seine Daten ankommen sollte und ob er gegebenenfalls Nachfragen zu stellen wagte.

c. Probleme der Einwilligung bei den Verschlüsselungsmodellen

Wie ist die Einwilligung bei der dezentralen Verschlüsselung einerseits, bei der zentralen andererseits zu handhaben? Bei der dezentralen Verschlüsselung ist folgendes Verfahren möglich: Hat der Patient eine generelle Einwilligung in die Übermittlung erteilt, so fügt der meldende Arzt der von ihm angegebenen Referenzlistenziffer einen entsprechenden Vermerk bei. Im Falle einer geplanten Übermittlung kann das Register unter Angabe der Referenzlistenziffer an den Arzt herantreten mit der Bitte um Identifizierung des Patienten, bei einer einzelfallbezogenen Einwilligung bittet das Register den Arzt um Einholung der Einwilligung. Baden-Württemberg hat sich für ein anderes Verfahren entschieden: Hier darf das Krebsregister der anfragenden Stelle die Referenzlistenziffer des Patienten sowie Namen und Anschrift des Meldenden mitteilen, damit die entsprechenden Daten Personen zugeordnet werden können, die in ein bestimmtes Forschungsvorha-

---

vorgesehene Übermittlung zu beziehen, ausdrücklich erwähnt ist die Weitergabe personenbezogener Daten aus dem Register in § 16 Abs. 4 GDSG NW

ben, regelmäßig handelt es sich hier um eine Kohortenstudie, einbezogen sind[441]. Das Register selbst kann den Betroffenen nicht identifizieren.

Auch bei der zentralen Verschlüsselung enthält die Meldung einen Vermerk darüber, ob der Patient einer Übermittlung generell zugestimmt hat. In diesem Fall ist das Register berechtigt, den Identitätscode zu entschlüsseln und die erforderlichen Angaben zu übermitteln. Auch bei einer einzelfallabhängigen Einwilligung muß das Register zwecks Anfrage beim meldenden Arzt den Identitätscode entschlüsseln. Verweigert der Betroffene die Einwilligung, so war seine registerinterne Identifizierung im Ergebnis überflüssig. Hier könnte eine gewisse Abhilfe geschaffen werden, indem Patienten schon bei der Meldung gefragt werden, ob sie mit einer Übermittlung grundsätzlich einverstanden sind, so würde denjenigen, die die Übermittlung von vornherein ablehnen, die Identifizierung erspart.

3. Übermittlung ohne Einwilligung des Betroffenen

Einige Krebsregistergesetze erlauben die Übermittlung personenbezogener Daten ohne Einwilligung des Betroffenen[442], die Weitergabe bedarf statt dessen einer behördlichen Genehmigung[443]. Die Genehmigung kann nur im Hinblick auf ein konkretes Forschungsvorhaben erteilt werden, das dem Register namhaft zu machen ist. Der Umfang der zu übermittelnden Daten sowie die zulässige Verarbeitung und Nutzung durch den Empfänger hat sich auf das zur Durchführung dieses Forschungsvorhabens erforderliche Maß zu beschränken. Darüberhinaus sind die materiellen Genehmigungsvoraussetzungen unterschiedlich geregelt, ihre Bestandteile werden im folgenden dargestellt.

a. Schutzwürdige Belange des Betroffenen nicht beeinträchtigt

Die Schutzwürdigkeit von Belangen des Betroffenen ist keine absolute Größe, sondern kann nur durch Gegenüberstellung mit den konkreten In-

---

[441] § 9 Abs. 3 BW LKrebsRG
[442] § 9 MKRG; ausnahmsweise § 9 Abs. 2 HmbKrebsRG; § 9 Abs. 2 BW LKrebsRG
[443] Einige Gesetze erlauben die Übermittlung personenbezogener Daten nur mit Einwilligung und Genehmigung, vgl. § 8 KRG; § 7 Abs. 2 BremKRG; § 7 Abs. 2 Hess E-AGKRG; § 6 SH AGKRG; grundsätzlich auch § 9 Abs. 3 BW LKrebsRG; § 9 Abs. 2 HmbKrebsRG

teressen der an der Übermittlung interessierten Stelle ermittelt werden. Ein Interesse an der Übermittlung kann sich bereits aus vernünftigen Überlegungen ergeben. Wie bei der Erfassung, besteht auch bei der Weitergabe personenbezogener Daten aus epidemiologischer Sicht ein Interesse an der Erlangung aller hierfür erforderlichen Daten aus dem Krebsregister. Dem steht das Interesse des Betroffenen gegenüber, selbst über die Weitergabe seiner Daten zu entscheiden, d.h., es sind nicht nur objektive, sondern auch subjektive Aspekte einzubeziehen.

Lehnt der Betroffene die Weitergabe seiner Daten ab, so ist sein Interesse an der Beachtung dieser eindeutigen Entscheidung schutzwürdig, eine Übermittlung wäre unzulässig[444]. Demgegenüber kommt der Einwand, Mißbrauchsfälle seien bislang nicht bekanntgeworden, nicht zum Tragen, denn zum einen soll der Betroffene nicht nur vor dem Mißbrauch seiner Daten geschützt werden, sondern er soll darüberhinaus grundsätzlich selbst über ihre Verwendung bestimmen dürfen, zum anderen bedeutet ein bislang nicht erfolgtes Bekanntwerden[445] von Mißbrauchsfällen nicht, daß dieser nicht stattfinden oder stattfinden können. Das Interesse des Betroffenen an der Mitwirkung ist auch dann schutzwürdig, wenn es dem Empfänger zuzumuten ist, die Daten entweder in anonymisierter Form oder unter Mitwirkung des Patienten zu erfragen. Nach hier vertretener Ansicht ist die Meldung personenbezogener Daten nur mit Einwilligung des Betroffenen zulässig. Zusammen mit dieser könnte auch eine Einwilligung in die Weitergabe personenbezogener Daten an Dritte eingeholt werden. Die Einwilligung in die Abfrage könnte auch zusammen mit der Einwilligung an der Teilnahme an einer epidemiologischen Studie eingeholt werden. Läßt man demgegenüber mit dem bekannten Argument der Vollzähligkeit Meldung und Übermittlung ohne Einwilligung der Patienten zu, so ist hinsichtlich der Erforderlichkeit des Verzichts im Einzelfall die konkrete Ausgestaltung der gesetzlichen Regelung daraufhin zu überprüfen, ob die Meldung personenbezogener Daten vollzählig ist und ob alle Datenbestände für eine personenbezogene Übermittlung zur Verfügung stehen. Das ist bereits dann nicht der Fall, wenn die Ärzte zur Meldung berechtigt, nicht aber verpflichtet sind[446] oder Patienten einer Meldung widersprechen können[447].

---

[444] Bull/Dammann, Wissenschaftliche Forschung und Datenschutz, DÖV 82, 213 (220)
[445] Die Tätigkeitsberichte der Datenschutzbeauftragten enthalten regelmäßig Schilderungen unrechtmäßigen Umgangs mit Patientendaten.
[446] so § 2 Abs. 1 BW LKrebsRG; § 2 Abs. 1 HmbKrebsRG; § 2 Abs. 1 MKRG
[447] § 12 Abs. 5 HmbKrebsRG

Das Argument, Datensätze, die im Krebsregister gespeichert sind, müßten prinzipiell vollzählig für eine Übermittlung zur Verfügung stehen, greift auch dann nicht, wenn der Patient der Übermittlung (vorbeugend) widersprechen kann[448]. Ungeachtet der Frage nach Vollzähligkeit dürfte dem Patienten angesichts der Streuung und dem Verlust an Transparenz der Datenverarbeitung durch die Weitergabe der Daten aus dem Krebsregister an Dritte der Verzicht auf seine Mitwirkung noch weniger zuzumuten sein als bei der Meldung.

b. Unzumutbarkeit

Auch die Unzumutbarkeit, die Einwilligung einzuholen, gilt als eine mögliche Voraussetzung des Verzichts[449]. Hier gilt es zunächst, festzustellen, für welchen der Beteiligten die Einholung aus welchem Grunde unzumutbar sein könnte. Für den Betroffenen ist die Einholung unzumutbar, wenn er nicht über seine Erkrankung aufgeklärt worden ist. In diesem Fall muß m. E. aus Gründen der Verhältnismäßigkeit bereits auf eine Meldung personenbezogener Daten verzichtet werden, insofern stellt sich die Frage nach der Weitergabe an sich nicht - anders beim Baden-Württembergischen Krebsregister: Hier erfolgt die Meldung dezentral verschlüsselt und damit im Prinzip anonym. Die Weitergabe der Daten soll jedoch in der Weise zulässig sein, daß der Empfänger die Informationen seinen Probanden zuordnen kann[450]. Das Krebsregister nimmt hier gewissermaßen eine umgekehrte Treuhandfunktion wahr; der Treuhänder ist blind, erst der Empfänger kann den Betroffenen identifizieren. Aufgrund dieser Modalität können dezentral verschlüsselte Meldungen an das Baden-Württembergische Krebsregister[451] nicht als anonym bewertet werden, die dezentrale Verschlüsselung hat unter diesen Umständen nur die Funktion, die zentrale Sammlung personenbezogener Daten zu verhindern, um im Falle einer Beschlagnahme nicht die Identität der Patienten preiszugeben[452]. Im übrigen kann hinsichtlich der Zumutbarkeit auf die Ausführungen zur Schutzwürdigkeit der Belange Betroffener verwiesen werden.

---

[448] so § 9 Abs. 7 BW LKrebsRG
[449] § 9 Abs. 3 S. 3 BW LKrebsRG
[450] § 9 Abs. 3 S. 1 BW LKrebsRG
[451] ungeachtet der Bedenken hinsichtlich des Katalogs im Klartext zu meldender Daten
[452] Bedenken auch im 14. Tätigkeitsbericht BW LfD, S. 83

Aus Sicht des Dritten könnte die Einholung aufgrund des erforderlichen Aufwands unzumutbar sein. Dieses Argument kann jedoch nicht bei einer generellen Einwilligung, sondern allenfalls bei der Einzelfalleinwilligung geltend gemacht werden. Es erscheint jedoch als unvereinbar mit der gesetzgeberischen Entscheidung, die Einwilligung eben nicht generell einzuholen, was datenschutzrechtlich ausreichend und hinsichtlich des Verfahrens sehr einfach wäre. Die Einzelfalleinwilligung soll eine selbstbestimmte Entscheidung fördern. Dieser Zweck würde unterlaufen, wenn der zur Einholung dieser Einwilligung erforderliche Aufwand, der bei epidemiologischen Studien bekanntermaßen groß ist, den Verzicht auf die Einwilligung rechtfertigen würde, denn in diesem Fall könnte wohl bei jeder Studie von der Unzumutbarkeit der Einholung ausgegangen werden, ohne, daß dem Betroffenen die Möglichkeit einer - zumindest generellen - Entscheidung bliebe.

c. Überwiegendes öffentliches Interesse

Soll die Übermittlung zugelassen werden, wenn das öffentliche Interesse an der Übermittlung das Geheimhaltungsinteresse des Betroffenen überwiegt oder sogar erheblich überwiegt[453], so sind beide Interessen festzustellen und gegeneinander abzuwägen. Wie gezeigt, ist der Verzicht auf die Einwilligung schon bei der Meldung, mehr noch bei der Übermittlung weder erforderlich noch zumutbar. Gewisse Zweifel bestehen auch an der Eignung so erlangter Informationen für die Förderung der Krebsforschung: Die Durchführung epidemiologischer Studien erfordert regelmäßig den Rückgriff auf den Patienten zwecks Befragung. War der Betroffene bislang von der Mitwirkung an der Verarbeitung derart sensibler Daten, wie denen über seine Krebserkrankung, ausgeschlossen, ist kaum zu erwarten, daß er sich anschließend zur Mitwirkung bereitfindet. Auch erscheint der Ansatz, Krebskranke ohne ihren Willen zu „beforschen", aus verschiedenen Gründen befremdlich: Auf der einen Seite braucht Epidemiologie kranke Personen, um anhand ihrer Anamnese und persönlichen Geschichte Ursachenforschung betreiben zu können, auf der anderen Seite sollen die Betroffenen von einer Mitwirkung ausgeschlossen sein. Dabei darf über der Zusammenschau von Krankheitsfällen nicht vergessen werden, daß es sich nicht um eine Sammlung bioptischen Materials handelt, sondern um Menschen,

---

[453] § 9 Abs. 3 S. 3 BW LKrebsRG

deren Intimsphäre vor Fremden ausgebreitet wird. Der Effekt, den die Preisgabe personenbezogener Daten auf die Verhinderung von Krebserkrankungen haben kann, ist ein nur mittelbarer; der epidemiologische Nachweis dauert sehr lange, die Umsetzung der Ergebnisse liegt nicht bei den forschenden Epidemiologen. Demgegenüber ist die Blutspende zur Rettung eines nebenan Verblutenden eine unmittelbare Hilfe - ihre Erzwingung jedoch verwerflich iSd. § 240 StGB. Auch, wenn diese Bewertung nicht ohne weiteres übertragbar ist, etwa, weil es sich in einem Fall um einen Eingriff in die körperliche Integrität des Betroffenen handelt, im anderen Fall um einen Eingriff in das Recht, über die Preisgabe und Verwendung von Informationen zu entscheiden, geht es letztlich um Aspekte des Persönlichkeitsrechts. Im Ergebnis überwiegt das Selbstbestimmungsrecht des Krebskranken das öffentliche Interesse an der Krebsforschung auf der Basis personenbezogener Daten, die ohne Mitwirkung des Betroffenen erlangt und/oder verarbeitet werden.

E. Abgleich mit anderen bevölkerungsbezogenen Krebsregistern

Zur Berichtigung und Ergänzung der epidemiologischen Daten haben alle bevölkerungsbezogenen Krebsregister regelmäßig ihre Datenbestände untereinander abzugleichen[454]. Dieser Abgleich ist insofern nicht unproblematisch, als er die Gefahr einer Reidentifizierung des Patienten anhand der epidemiologischen Daten vergrößert[455]. Beispiel: Der Patient wurde im Bundesland L1 wegen einer Erkrankung an A-Krebs registriert. Er wechselt den Beruf, nimmt eine andere Staatsangehörigkeit an und zieht in das Bundesland L2. Dort wird B-Krebs diagnostiziert und gemeldet. L1 und L2 gleichen ihre epidemiologischen Daten ab und ergänzen ihre Bestände. Hinsichtlich unseres Patienten sind nun in beiden Ländern sowohl die Erkrankung an A-, als auch an B-Krebs erfaßt, dazu die berufliche Veränderung und der Wechsel der Staatsangehörigkeit. Um die Gefahr einer Identi-

---

[454] § 5 Abs. 1 Nr. 2 KRG. Der Abgleich findet anhand von Kontrollnummern statt, die derart aus den Identitätsdaten gewonnen werden, daß eine Wiedergewinnung der Identitätsdaten nicht möglich ist. Datenbestände, die bereits vor Inkrafttreten des KRG bestanden haben, müßten entsprechend „nachgerüstet" werden.

[455] Die Anonymität des Kataloges epidemiologischer Daten ist in einigen Ländern zweifelhaft, das gilt insb. für § 6 Abs. 1 Nr. 2 BW LKrebsRG, vgl. 14. Tätigkeitsbericht BW LfD, S. 82 f.; § 3 lit. b BremKRG; § 3 Abs. 1 Nr. 2 Hess E-AGKRG; § 4 Abs. 2 u. 3 SH AGKRG

fizierung nicht durch den Datenabgleich zu vergrößern, sollte sich dieser auf Angaben zur Krankheit selbst[456] beschränken, d.h., auf Diagnose, Therapie, ggf. Sterbedaten.

F. Übermittlung an die Dachdokumentation Krebs

Die Länder sind verpflichtet, die epidemiologischen Daten einmal jährlich an die „Dachdokumentation Krebs", eingerichtet beim Robert-Koch-Institut, zu übermitteln[457], damit bundesweite Aussagen über das Auftreten und die Entwicklung von Krebserkrankungen erlangt werden können[458]. Die Registerstellen haben die epidemiologischen Daten vor der Übermittlung an die Dachdokumentation zu anonymisieren[459]. Wie gezeigt, steigt die Gefahr der Identifizierung von Patienten mit der Vielfalt der epidemiologischen Daten. Das Anonymisierungsgebot sollte daher auf die Dachdokumentation ausgedehnt werden.

VII. Befragungen

Die Überprüfung von Risikofaktor-Hypothesen, vielfach auch die genaue Formulierung, ist allein mit den Krebsregisterdaten kaum möglich. Analysierende Epidemiologie muß entsprechend den jeweiligen Hypothesen gezielt weitere Daten erheben. Zu diesem Zweck können Patienten oder Dritte befragt werden. Ist dem Forscher und/oder dem Dritten die Identität des Patienten bekannt oder ist sie bestimmbar, so berührt die Befragung das Selbstbestimmungsrecht des Patienten. Daher sind die Voraussetzungen der Befragung zu regeln, insbesondere wer welche Daten auf welche Weise bei wem erheben darf, für welchen Zweck und wie der Empfänger mit den Befragungsdaten zu verfahren hat. Viele dieser Regelungsbedarfe betreffen gleichermaßen die Befragung Betroffener und Dritter, werden daher vorweg erörtert.

---

[456] § 2 Abs. 2, Nr. 6-15 KRG
[457] § 5 Abs. 1 Nr. 4 KRG
[458] BTDrs. 12/6478, S. 18
[459] § 5 Abs. 2 S. 1 KRG

A. Allgemeine Voraussetzungen

Bei der Befragung werden dem Forscher personenbezogene Patientendaten übermittelt, die Zulässigkeitsvoraussetzungen der Befragung müssen insofern denen der Übermittlung entsprechen. Einige Krebsregistergesetze[460] knüpfen die Befragung an eine vorangegangene Übermittlung personenbezogener Daten aus dem Register an[461]. Dieses Vorgehen ist bei entsprechender rechtlicher Ausgestaltung der Übermittlung geeignet, einen Mindeststandard hinsichtlich der Qualifikation des Empfängers und des Forschungsvorhabens sowie die Einhaltung bestimmter Auflagen beim Umgang mit den Daten sicherzustellen. Die zu erfragenden Daten müssen sich nach Art und Umfang auf das beschränken, was zur Durchführung eines konkreten Forschungsvorhabens erforderlich ist. Das MKRG erlaubt darüberhinaus nur „Fragen zu Einzelheiten möglicher Ursachen, zur Vorgeschichte und zum Verlauf der Krebserkrankungen"[462], eine notwendige Ergänzung, um den Patienten vor einer übermäßigen Erfassung zu schützen.

B. Patientenbefragung

Die Befragung des Patienten erfordert dessen Mitwirkung. Fraglich ist, ob für die Befragung an sich eine gesonderte Einwilligung erforderlich ist und auf welche Art diese gegebenenfalls eingeholt werden kann. Auf den ersten Blick erscheint die Einwilligung in eine Befragung insofern überflüssig, als es dem Patienten freisteht, die Bitte des Forschers um einen Gesprächstermin oder die Beantwortung eines übersandten Fragebogens abzulehnen. Die Ankündigung einer Befragung zwingt dem Betroffenen jedoch die Tatsache seiner Erkrankung ins Bewußtsein. Ebenso, wie die Entscheidung über eine personenbezogene Meldung allein dem Betroffenen obliegt, ist auch die Entscheidung darüber, ob und wie er sich mit seiner Erkrankung auseinandersetzen will, allein seine Sache. Vor der Durchführung der eigentlichen Befragung bedarf es also einer grundsätzlichen Erklärung des Patienten über seine Bereitschaft, ein Befragungsersuchen entgegenzunehmen. Zur Beantwortung verpflichtet er sich damit nicht. Die Erklärung

---

[460] Die Regelung einer Befragung ist nach § 13 Abs. 1 Nr. 4 KRG den Ländern überlassen.
[461] §§ 10 Abs. 1, 11 Abs. 1 HmbKrebsRG; §§ 10 Abs. 1, 11 Abs. 1 MKRG; §§ 7 Abs. 1, 8 Abs. 1 SH AGKRG
[462] § 10 Abs. 1 S. 1 MKRG; ähnlich § 20 Abs. 1 GDSG NW

kann entweder zusammen mit der Einwilligung in die Meldung oder mit der Einwilligung in die Übermittlung abgegeben werden.

Nun kann sich jedoch der Gesundheitszustand des Patienten seit der Meldung oder Übermittlung soweit verschlechtert haben, daß ihm nicht einmal die Ankündigung einer Befragung zuzumuten ist, sei es aus Gründen der Menschlichkeit, sei es, weil eine Gefahr für die Gesundheit des Betroffenen nicht auszuschließen ist. Auch erfolgt die Diagnoseaufklärung von Krebspatienten nicht immer mit den Worten: „Sie haben Krebs!", aus Sorge um das Befinden der Patienten, möglicherweise auch aus der Unfähigkeit, dem Patienten die Diagnose „Krebs" schonend beizubringen, verwenden Ärzte teilweise Umschreibungen der Art, daß eine Wucherung oder ein „Befund" vorhanden sei. Vor der Ankündigung muß daher sichergestellt werden, daß der Patient aus psychologischer und medizinischer Sicht imstande ist, sich mit dem Befragungsersuchen auseinanderzusetzen. Die Einholung der Einwilligung in die Befragung ist nach den Krebsregistergesetzen einem Arzt vorbehalten, und zwar grundsätzlich dem behandelnden Arzt[463]. Einige Krebsregistergesetze erlauben eine Anfrage bei dem Patienten ausdrücklich nur, wenn hiergegen keine gesundheitlichen Bedenken bestehen[464], eine notwendige Voraussetzung, um die Zumutbarkeit der Befragung sicherzustellen, jedenfalls ihre Unzumutbarkeit weitgehend auszuschließen. Die Einholung der Einwilligung selbst könnte durch andere als die behandelnden oder meldenden Ärzte eingeholt werden, die erforderliche Übermittlung der Patientendaten an diesen Arzt ist m. E. nur mit Einwilligung des Betroffenen zulässig, diese könnte zusammen mit der Einwilligung in die Meldung oder Unterrichtung eingeholt werden.

Für die Einwilligung in die konkrete Befragung gelten im Prinzip die gleichen Wirksamkeitsvoraussetzungen wie für die Einwilligung in die Meldung. Anders als bei der Meldung steht bei der Befragung jedoch nicht von Anfang an fest, welche Daten erhoben werden. Es ist denkbar, daß sich im Laufe der Befragung Hinweise ergeben, die zu Beginn der Befragung nicht erkennbar waren und daß deshalb zusätzliche Angaben aufgenommen werden. Daher ist nach Abschluß der Befragung die Einwilligung des Patienten in die Verwendung der erlangten Daten einzuholen. Verweigert der Patient

---

[463] § 10 Abs. 2 MKRG; § 20 Abs. 2 GDSG NW
[464] § 10 Abs. 2 BW LKrebsRG; nach § 10 Abs. 2 HmbKrebsRG „soll" eine entsprechende Nachfrage erfolgen; § 7 Abs. 2 Nr. 1 SH AGKRG

zu diesem Zeitpunkt die Einwilligung, so müssen die erfragten Daten unverzüglich gelöscht werden.

C. Befragung Dritter

Auch bei der Befragung Dritter handelt es sich um eine Übermittlung personenbezogener Daten, die der Einwilligung des Patienten bedarf. Das gilt auch, wenn der befragte Dritte oder der Empfänger den Patienten nicht identifizieren können: In Hamburg ist die Befragung Dritter grundsätzlich nur mit schriftlicher Einwilligung des Patienten zulässig, „es sei denn, daß die Erkrankung des Patienten bei der Befragung nicht erkennbar wird oder dem Dritten schon bekannt ist"[465]. Dabei wird übersehen, daß nicht nur die Unterrichtung eines Dritten über den Gesundheitszustand des Patienten, sondern auch die Preisgabe von Patientendaten gegenüber dem Forscher eine Übermittlung darstellt und daher der Einwilligung des Betroffenen bedarf[466]. Das KRG erlaubt der Vertrauensstelle des Krebsregisters, bei dem meldenden Arzt weitere als die gesetzlich vorgesehenen Meldedaten zu erheben, wenn dieses zur Durchführung eines bestimmten Forschungsvorhabens erforderlich ist und „diese Angaben vom Empfänger nicht einer bestimmten Person zugeordnet werden" können[467]. Auch hier wird nicht beachtet, daß der Arzt dem Krebsregister personenbezogene Patientendaten übermittelt, was der Einwilligung des Betroffenen auch dann bedarf, wenn diese Informationen nur in anonymisierter Form vom Krebsregister weitergegeben werden sollen.

D. Patient verstorben

Ist der Patient verstorben, so unterliegt die Befragung nicht mehr datenschutzrechtlichen Grundsätzen. Die Würde des Verstorbenen darf jedoch nicht beeinträchtigt werden, auch endet die ärztliche Schweigepflicht nicht mit dem Tod des Patienten, der Schutz nimmt jedoch mit der Zeit ab, so daß dem Informationsinteresse der Wissenschaftler zunehmend der Vorrang gegenüber einem Geheimhaltungsinteresse des Verstorbenen einzu-

---

[465] § 11 Abs. 1 S. 1 HmbKrebsRG
[466] Bizer, Forschungsfreiheit und informationelle Selbstbestimmung, S. 388
[467] § 8 Abs. 3 S. 2 KRG

räumen sein wird[468]. Zu beachten ist, daß es bei der Frage nach der Zulässigkeit der postmortalen Befragung um die Interessen des Verstorbenen geht[469], nicht dagegen um die der Hinterbliebenen, jedenfalls nicht, solange diese von der Datenverarbeitung nicht betroffen sind. Die Einwilligung der Angehörigen rechtfertigt daher nicht die Befragung Dritter[470], kann jedoch als Indiz für die Interessen des Verstorbenen herangezogen werden.

VIII. Rechte der Betroffenen

Der Betroffene kann die Rechtmäßigkeit der Verwendung seiner personenbezogenen Daten nur beurteilen, wenn er Auskunft über diese Angaben beanspruchen kann. Sodann müssen Vorkehrungen getroffen werden für den Fall, daß personenbezogene Daten unzutreffend sind oder ihre Verwendung unzulässig ist.

A. Auskunft

Das Recht, Auskunft über die zu seiner Person gespeicherten Daten zu erhalten, ist grundlegend für die Durchsetzung des Selbstbestimmungsrechts des Patienten. Das gilt auch, wenn die Erfassung und Verarbeitung mit Einwilligung des Betroffenen stattfindet; mit der Einwilligung begibt sich der Betroffene nicht seiner Kontrollrechte, er muß sich also nicht entgegenhalten lassen, er wisse doch ohnehin, welche Informationen gespeichert seien.

Nicht alle Krebsregistergesetze enthalten Auskunftsregelungen[471]. Hier muß auf die Datenschutzgesetze der Länder zurückgegriffen werden, was insofern unbefriedigend ist, als bei der Erteilung von Auskünften aus dem

---

[468] Bull/Dammann, Wissenschaftliche Forschung und Datenschutz, DÖV 82, 213 (222)
[469] so § 11 Abs. 2 BW LKrebsRG; § 11 Abs. 2 HmbKrebsRG; § 20 Abs. 4 GDSG NW
[470] so aber § 11 Abs. 2 MKRG mit ausführlicher Reihenfolge der hierfür in Betracht kommenden Angehörigen; § 8 Abs. 1 S. 2 SH AGKRG. Auf keinen Fall kann eine Behörde die „Einwilligung" in die Befragung erteilen, da es sich hier um ein höchstpersönliches Rechtsgut handelt, gemeint ist in § 11 Abs. 2 HmbKrebsRG offenbar eine Genehmigung.
[471] Keine Auskunfsregelungen enthalten das BW LKrebsRG und das SKRG. Bei den Ausführungsgesetzen findet § 9 KRG Anwendung.

Krebsregister Besonderheiten hinsichtlich der Modalitäten zu beachten sind:

Der Patient wird, sofern er nicht medizinisch versiert ist, bestimmte medizinische Daten, wie die Klassifikation nach der geltenden Fassung der ICD, Histologie nach ICD-O oder den TNM-Schlüssel zur Beschreibung des Krankheitsstadiums, nicht verstehen, möglicherweise zu dem Ergebnis kommen, der behandelnde Arzt habe ihm die Schwere seiner Erkrankung verschwiegen. Der Patient sollte daher mit diesen Informationen nicht allein gelassen werden, sondern bei der Auskunftserteilung die Möglichkeit der Klärung haben. Zu diesem Zweck sehen Krebsregistergesetze die Auskunftserteilung unter Vermittlung eines von dem Patienten zu benennenden Arztes vor[472]. Dieses Verfahren erscheint auch im Hinblick darauf sinnvoll, daß eine Vertauschung medizinischer Daten im Register nicht auszuschließen ist, daraus resultierende falsche Auskünfte können nur unter Mitwirkung eines Arztes aufgeklärt werden. Eine über diese Dolmetscherfunktion hinausgehende Filterfunktion des vermittelnden Arztes ist mit dem Selbstbestimmungsrecht des Patienten jedoch nicht vereinbar. Das gilt für die Hamburgische Regelung der Auskunftserteilung an Patienten, deren Meldung, m.E. unzulässigerweise, ohne ihre Einwilligung erfolgt ist. Hier soll der vom Patienten benannte Arzt mit demjenigen, der den Betroffenen gemeldet hat, „erörtern, in welchem Umfang und auf welche Weise dem Patienten die Auskunft mitgeteilt werden kann"[473]. Mit seinem Auskunftsersuchen dürfte der Patient regelmäßig die Auffassung des meldenden Arztes, dem Betroffenen könne eine (vollständige) Diagnoseaufklärung aus gesundheitlichen Gründen nicht zugemutet werden, widerlegt haben, jedenfalls hat er damit seinen Willen zur vollständigen Aufklärung trotz möglicher Selbstgefährdung deutlich gemacht. Die therapeutische Fürsorge muß in diesem Fall hinter der Entscheidung des Patienten zurückstehen, um nicht zur therapeutischen Bevormundung zu geraten.

Eine Sammlung personenbezogener Daten von Krebspatienten weckt Begehrlichkeiten, etwa bei Kreditinstituten, Versicherungen und Arbeitgebern. Krebsregister sind keine „Gesundheits-Schufa", erforderlich sind daher Verfahren, die sicherstellen, daß allein der Betroffene Auskunft über die zu seiner Person gespeicherten Daten erhält. Das KRG regelt dieses

---

[472] § 9 Abs. 1 KRG; § 8 S. 1 BremKRG; § 12 Abs. 1 S. 2 HmbKrebsRG; § 8 S. 1 Hess E-AGKRG; § 12 S. 2 MKRG; § 21 Abs. 1 S. 2 GDSG NW
[473] § 12 Abs. 2 HmbKrebsRG

Problem umfassend: Danach erfolgt die Auskunft in Form einer schriftlichen Mitteilung an den vom Patienten benannten Arzt. Dieser darf den Patienten nur mündlich oder durch Einblick in die Registermitteilung informieren, er darf ihm weder die Registermitteilung noch eine Ablichtung derselben überlassen[474]. Dritten darf der Arzt die Auskunft auch mit Einwilligung des Patienten weder mitteilen noch zugängig machen, dieses Verbot ist strafbewehrt[475].

B. Berichtigung

Nach allgemeinen datenschutzrechtlichen Grundsätzen[476] sind personenbezogene Daten zu berichtigen, wenn sie unrichtig sind. Bei medizinischen Daten ist dieses insofern problematisch, als es hier gewissermaßen eine aktuelle und eine ursprüngliche Richtigkeit der Daten gibt: Die Meldung einer Krebserkrankung wird nicht dadurch unrichtig, daß der Tumor später operativ entfernt werden konnte. Die Krebsregistrierung ist nicht dem Patienten, sondern der Epidemiologie zu dienen bestimmt, insofern besteht weder für den meldenden Arzt, noch für das Register eine Pflicht zum selbständigen Nachtrag. Auf Verlangen des Patienten dürfte jedoch eine aktualisierende Ergänzung erforderlich sein. Entsprechende Regelungen fehlen in den Krebsregistergesetzen.

C. Löschung

Eine Registrierung personenbezogener Daten ist nicht endlos zulässig. Nach den allgemeinen Datenschutzgesetzen sind personenbezogene Daten zu löschen, wenn ihre Kenntnis zur Aufgabenerfüllung der speichernden Stelle nicht mehr erforderlich ist[477]. Identifizierende Daten ermöglichen einen Rückgriff auf den Betroffenen und sein Umfeld, insofern könnte man die Speicherung personenbezogener Daten praktisch unbegrenzt für erfor-

---

[474] § 9 Abs. 1 KRG, so auch § 8 S. 1-3 BremKRG; § 8 S. 1-3 Hess E-AGKRG
[475] §§ 9 Abs. 2; 12 Abs. 2 Nr. 11 KRG; § 8 S. 4 BremKRG; § 8 S. 4 Hess E-AGKRG; ähnlich §§ 12 Abs. 3; 15 Abs. 1 Nr. 3 HmbKrebsRG (Ordnungswidrigkeit), § 21 Abs. 2 GDSG NW (nicht sanktioniert)
[476] vgl. § 20 Abs. 1 BDSG
[477] §§ 20 Abs. 2 Nr. 2 ; 35 Abs. 2 Nr. 3 BDSG, die Landesdatenschutzgesetze enthalten entsprechende Regelungen

derlich erklären. Erforderlich ist auch hier eine bereichsspezifische Regelung. 50 Jahre nach dem Tod, spätestens 130 Jahre nach der Geburt des Patienten gebietet das KRG die Löschung der verschlüsselten Identitätsdaten[478]. Teilweise dürften Betroffene jedoch aufgrund der verbleibenden epidemiologischen Daten bestimmbar sein[479], daher bedarf es zusätzlich eines Anonymisierungsgebotes.

---

[478] § 11 KRG; ähnlich § 13 HmbKrebsRG, die Vorschrift nimmt „Angaben über das Gebiet, in dem die Wohnung lag" und über das Alter des Patienten bei seinem Tode von der Löschung aus

[479] insbesondere nach § 4 Abs. 2 u. 3 SH AGKRG

Kapitel 7

Abschließende Stellungnahme

In der Diskussion um die Grundlagen der bevölkerungsbezogenen Krebsregistrierung stehen sich unterschiedliche Positionen bisweilen unversöhnlich gegenüber. Epidemiologen zeigen für Belange des Datenschutzes im medizinischen Bereich nicht immer Verständnis: Datenschutz drohe zum „Auswertungsschutz" zu verkommen, der Epidemiologen zwinge, wie vor 150 Jahren bei der Zählung der Cholerakranken von Haus zu Haus zu ziehen, um die Kranken mit bestimmten Diagnosegruppen zu finden, urteilt einer ihrer profiliertesten Vertreter[480]. Verbreitet ist auch der Hinweis darauf, daß in anderen Ländern datenschutzrechtliche Bedenken weit weniger zum Tragen kämen als in Deutschland. Die Gegenseite ist nicht zimperlich. Wunder[481] betont die vitalen Interessen des Schutzes von Patientendaten, indem er in die finsterste Ecke Deutscher Geschichte greift - eine Argumentation, die weniger geeignet erscheint, konsensfähige Wege der Krebsregistrierung zu finden, als jede andere Ansicht vor Scham zum Verstummen zu bringen: „Ab 1935 wurden die Daten des Krebsregisters an das Hamburger Gesundheitspaßarchiv weitergeleitet. In dieser im Deutschen Reich wohl einmaligen Datei wurden die Daten, die im Rahmen der vom Reichsinnenminister angeordneten 'Erbbestandsaufnahme' erhoben wurden, gespeichert. [...] Der Reichsausschuß für Krebsbekämpfung forderte auf seiner Karlsruher Tagung 1937, 'den Krebs auch als Erbkrankheit zu bekämpfen'. Die Gesundheitsämter seien 'berufen ... für die volks- und rassenerhaltende Bevölkerungspolitik des nationalsozialistischen Staates eine möglichst vollkommene Bestandsaufnahme und Listenführung aller irgendwie gesundheitlich und erblich anbrüchigen Volksgenossen einzurichten'. Was dann mit den so bezeichneten 'anbrüchigen Volksgenossen' geschah, z.B. ihre Einbeziehung in die 'Euthanasie'-Aktionen, insbesondere in die Abtransporte aus den Alten- und Pflegeheimen, ist bis heute nicht erforscht."

---

[480] Frentzel-Beyme, Ursachenforschung, in: Globus 94, 15 (17)
[481] Wunder, Vom Kampf gegen die Krankheit zum Kampf gegen die Kranken, in: v. Elling/Wunder, Krebsregister, S. 9 (17 f.)

Folgende Punkte sollten bei der Frage nach dem Ob und Wie der Krebsregistrierung unbedingt beachtet werden:

(1) Bedeutung bevölkerungsbezogener Krebsregister für die epidemiologische Krebsursachenforschung: Krebsregister sind geeignete Instrumente der deskriptiven Epidemiologie. Sie sind nicht die einzigen Datenquellen, allein auf der Basis bevölkerungsbezogener Krebsregister kann der Nachweis von Risikofaktoren nicht geführt werden. Erst der Bevölkerungsbezug ermöglicht jedoch Funktionen wie Monitoring und Task-force-Epidemiologie.

(2) Vorreiter: Krebsregister können Vorreiter für weitere Krankheitsregister sein[482]: „Neu zu schaffen wären Alzheimer-Register, Epilepsie-Register, mehrere Sucht-Register (Alkohol, Drogen, Spielsucht), Register psychisch kranker Straftäter, Suizidversuchs-Register usw., usw."[483] Die Registrierung abweichenden Verhaltens dürfte zwar für eine Überwachung der Betroffenen in Betracht kommen, ob derartige Sammlungen für Zwecke der Ursachenforschung erforderlich und dem Patienten zuzumuten sind, muß jedoch kritisch hinterfragt werden.

(3) Vollzähligkeit und Fallbezug: Eine aussagefähige Registrierung bedarf der vollzähligen Erfassung von Krebsfällen. Der Gesetzgeber kann diese nur durch Statuierung einer Meldepflicht gewährleisten. Die personenbezogene Erfassung von Krebspatienten ohne ihren Willen ist dabei unzulässig. Identifizierende Daten können vor der Weitergabe an das Krebsregister verschlüsselt werden, so daß die Betroffenen jedenfalls für das Krebsregister nicht bestimmbar sind.

(4) Tendenzen in der Gesetzgebung: Das KRG verhilft der bevölkerungsbezogenen Krebsregistrierung insofern zum Durchbruch, als es die Länder zur Einrichtung entsprechender Register bis zum 1.1.1999 verpflichtet. Es bleibt abzuwarten, ob sich diese Register bis zum Ablauf des „Verfalldatums" des KRG soweit etabliert haben, daß sie fortgeführt werden.

---

[482] Reichertz, Datenschutz und Vertraulichkeitsproblematik medizinischer Daten für Krankenversorgung und Forschung, in: Überla/Zeiler (Hrsg.), Datenschutz und Wissenschaftsadministration, S.24 (31); 4. Tätigkeitsbericht BfD, S. 48
[483] Bochnik, Patientendaten als Grundlage medizinischen Fortschritts, in: Dhom (Hrsg.), Epidemiologische Forschung und Datenschutz in der Medizin, S. 13 (18)

(5) Eckwerte akzeptabler Krebsregistrierung

(a) Begriffe und Normenklarheit: Das Datenschutzrecht enthält eine Fülle unbestimmter Rechtsbegriffe. Sind jedoch Definitionen vorhanden oder hat sich ein allgemeines Verständnis herausgebildet, so sollten diese Begriffe auch entsprechend verwendet werden, „Einwilligung", „Genehmigung" und „fehlender Widerspruch" sind eben nicht dasselbe. Das Verständnis der Regelungen wird durch die Notwendigkeit der Anwendung mehrerer Gesetze, KRG plus hierauf verweisendes Landesgesetz, nicht unerheblich erschwert. Als unzumutbar muß die Regelungstechnik Sachsens und Mecklenburg-Vorpommerns bezeichnet werden, hier ist zusätzlich der Staatsvertrag zu beachten, wobei man hinsichtlich der vor Inkrafttreten des KRG gemeldeten Daten auch noch auf das Krebsregistersicherungsgesetz zurückgreifen muß.

(b) Träger: Hinsichtlich des Trägers ist eine Differenzierung öffentlicher und nicht-öffentlicher Stellen an sich nicht geboten, sofern das Datenschutzniveau der nicht-öffentlichen Stelle dem der öffentlichen Stelle entspricht. Bei der Auswahl von Vertrauens- und Registerstelle ist darauf zu achten, daß die Datenverarbeitung personell und organisatorisch von anderen Aufgaben derselben Stelle abgeschottet ist.

(c) Zweck: Der Zweck bevölkerungsbezogener Krebsregister muß auf die Verarbeitung und Nutzung von Patientendaten für Zwecke unabhängiger wissenschaftlicher Krebsursachenforschung beschränkt sein. Begriffe wie „Planung" oder „Krebsbekämpfung" lassen Raum für eine Verwendung der Daten für gezielte Maßnahmen gegen registrierte Patienten. Einen Beitrag zur Schaffung bedarfsgerechter medizinischer Infrastrukturen kann das Krebsregister erforderlichenfalls durch zusammenfassende Auswertungen schaffen, die in hinreichend kurzen Abständen erscheinen.

(d) Meldung: Der epidemiologische Teil der Meldung sollte sich grundsätzlich beschränken auf Diagnose, Geburtsjahr des Betroffenen und eine Wohnort-Kennung, die einen Vergleich mit der Bevölkerungsstatistik ermöglichen, anhand derer der Betroffene jedoch nicht bestimmbar ist. Angaben zur Therapie enthält die Meldung nicht. Eine personenbezogene Meldung ist nur mit Einwilligung des Betroffenen zulässig. Willigt er nicht ein, so erfolgt die Meldung unter Angabe einer individuellen Kennung. Dieses Verfahren wird vereinfacht, wenn alle Pathologen, und nur diese,

Hard- und Software erhalten, die identifizierende Daten des Patienten zu einer irreversiblen Kennung verschlüsselt. Die zu verschlüsselnden Daten können sich möglicherweise auf Teile des Patientennamens beschränken, sollten jedenfalls so ausgewählt werden, daß auch im Falle der an sich auszuschließenden Entschlüsselung die Identität des Betroffenen nicht ohne weiteres bestimmbar ist. Das für die Verschlüsselung verwendete Programm könnte anhand bevölkerungsstatistischer Daten auch „entscheiden", welche Wohnort-Kennung angegeben werden darf. Patienten- und Wohnort-Kennung sowie Geburtsjahr und Diagnose teilt der Pathologe dem Krebsregister auf einem hierfür vorgesehenen Formular mit. Das gleiche Formular erhält der behandelnde Arzt. Ist der Patient medizinsch aufgeklärt, so ist der Arzt verpflichtet, ihn um Einwilligung in die personenbezogene Meldung zu bitten. Nur, wenn der Patient in die Meldung eingewilligt hat, ergänzt der Arzt das Formular vor der Übersendung an das Krebsregister um Namen und Anschrift des Patienten. Die Führung einer Referenzliste ist an sich nicht erforderlich; da die Diagnosedaten vom Pathologen eingetragen werden, dürften sie hinreichend genau sein. Ist der Patient nicht medizinisch aufgeklärt oder dauerhaft einwilligungsunfähig, so ist ein Rückgriff insoweit nicht möglich, jedenfalls nicht zumutbar. Die Mitteilung weiterer Daten an das Krebsregister vergrößert die Gefahr einer Identifizierung, gleichzeitig verringert sie die Transparenz der Datenverarbeitung. Ist der Patient medizinisch aufgeklärt, lehnt er eine personenbezogene Meldung jedoch ab, so ist kaum davon auszugehen, daß er zur Mitwirkung an epidemiologischen Studien bereit ist. Nur für die Fälle, in denen diese Patienten ihre Bereitschaft signalisiert haben, an Studien teilzunehmen, ist ihre Eintragung in eine Referenzliste des behandelnden Arztes zumutbar.

(e) Speicherung: Identifizierende Angaben bzw. die Patientenkennung und epidemiologische Daten sind getrennt voneinander aufzubewahren. Das nach dem KRG vorgesehene Verfahren - sämtliche Daten gehen bei der Vertrauensstelle ein, werden getrennt und verschlüsselt, epidemiologische Daten werden erst anschließend an die Registerstelle gegeben, jede Zusammenführung erfolgt nur in der Vertrauensstelle - führt bei geeigneter Auswahl der Daten zur Speicherung ausschließlich anonymisierter Daten in der Registerstelle, wenngleich die Registrierung insgesamt, da die Identifizierung von Patienten möglich und auch vorgesehen ist, personenbezogen bleibt. Ob die nach dem KRG ebenfalls vorgesehene Schaffung zweier selbständiger Stellen tatsächlich der Datensicherheit dient, ist insofern fraglich, als es sich regelmäßig um Stellen handelt, die auch andere Aufgaben wahrnehmen und zu diesem Zweck selbst Daten verarbeiten. Die erforderliche personelle und organisatorische Abschottung ist hier sehr aufwendig, anders, als wenn beide Aufgaben von zwei voneinander unabhängigen Abteilungen, jedoch innerhalb eines „einstelligen" Krebsregisters wahrgenommen werden, das ansonsten keine anderen Aufgaben wahrnimmt.

(f) Übermittlung: Die Übermittlung personenbezogener Daten aus dem Krebsregister ist nur mit Einwilligung des Betroffenen zulässig, diese kann bereits mit der Einwilligung in die Meldung eingeholt werden. Sowohl anonymisierte als auch personenbezogene Einzeldaten dürfen nur für Zwecke unabhängiger wissenschaftlicher Krebsforschung übermittelt werden. Als Empfänger kommen öffentliche wie nicht-öffentliche Stellen in Betracht, sofern der datenschutzsichernde Standard, dazu gehört auch die anlaßunabhängige Datenschutzkontrolle, dem öffentlicher Stellen entspricht. Die Weitergabe personenbezogener Daten durch den Empfänger oder die Verwendung für weitere Forschungsvorhaben ist unzulässig.

(g) Das Auskunftsrecht des Betroffenen sollte sich auf die erfolgte Übermittlung, d.h. Zweck und Empfänger der Daten, erstrecken. Wegen der Gefahr von Verwechslungen und aus Verständnisgründen ist die Vermittlung durch einen Arzt erforderlich, dieser darf jedoch nur „dolmetschen", nicht „filtern".

(h) Löschungsfristen sind festzulegen, denn die allgemeinen Regelungen, nach denen Daten zu löschen sind, wenn sie zur Aufgabenerfüllung nicht mehr erforderlich sind, reichen hier nicht aus.

Literaturverzeichnis

ABEL, Ulrich: Epidemiologie des Krebses: Aspekte der Aussagekraft und Anwendbarkeit von Krebsinzidenz und -mortalitätsraten, München 1986

ALBRECHT, Hans-Jürgen: Datenschutz und Forschungsfreiheit, CuR 1986, 92 ff.

ALTERNATIVKOMMENTAR: Kommentar zum Grundgesetz für die Bundesrepublik Deutschland, hrsg. von R. Wassermann, Band 1 Art. 1-37, Band 2 Art. 38-146

ARBEITSGEMEINSCHAFT BEVÖLKERUNGSBEZOGENER KREBSREGISTER, Krebs in Deutschland 1997

AUERNHAMMER, Herbert: Bundesdatenschutzgesetz vom 20. Dezember 1990, Köln 1991

BÄUMLER, Schleswig-Holsteinisches Krebsregistergesetz in Kraft, NJW 97, 1622 ff.

ders.: Der neue Datenschutz, in: Bäumler (Hrsg.), Der neue Datenschutz - Datenschutz in der Informationsgesellschaft von morgen, 1998, 1 ff.

BARTA, Thomas: Datenschutz im Krankenhaus - Grundzüge der Rechtslage mit Fallbeispielen, Düsseldorf 1990

BAUMGARDT-ELMS, Cornelia: Das Hamburgische Krebsregister im Überblick, in: Hamburgisches Krebsregister (1979 - 1988), Hamburg 1991, 15 ff.

dies.: Hamburgische Erfahrungen mit der kleinräumigen Analyse von Krebsregisterdaten zur Leukämie bei Kindern, in: v. Manikowsky u.a. (Hrsg.) Methoden regionalisierter Beschreibung und Analyse von Krebsregisterdaten, Hamburg 1997

BECKER, N. /FRENTZEL-BEYME. R. / WAGNER, GUSTAV (Hrsg.): Krebsatlas der Bundesrepublik Deutschland, 3. Auflage 1995

BECKER: Fortschreibung des Krebsatlas der Bundesrepublik Deutschland, in: v. Manikowsky u.a. (Hrsg.), Methoden regionalisierter Beschreibung und Analyse von Krebsregisterdaten, 90 ff.

BENDA, Ernst: Das Recht auf informationelle Selbstbestimmung und die Rechtsprechung des Bundesverfassungsgerichts zum Datenschutz, DuD 1984, 86 ff.

BIZER, Johann: Forschungsfreiheit und informationelle Selbstbestimmung, Dissertation 1992

BERG, Wilfried: Informationelle Selbstbestimmung und Forschungsfreiheit. Zum Spannungsverhältnis zwischen zwei in der Verfassung verankerten Prinzipien, CuR 1986, 234 ff.

BETHGE, Herbert: Grundrechtsverwirklichung und Grundrechtssicherung durch Organisation und Verfahren, NJW 1982, 1 ff.

BIELER, Frank: Persönlichkeitsrecht, Organtransplantation und Totenfürsorge, JZ 1986, 224 ff.

BLOHMKE, Maria/ KNIEP, Klaus: Epidemiologische Forschung und Datenschutz, NJW 1982, 1324 f.

BOCHNIK, H.J.: Patientendaten als Grundlage medizinischen Fortschritts, in: Dhom (Hrsg.), Epidemiologische Froschung und Datenschutz in der Medizin, Mainz 1991

BÖCKENFÖRDE, Ernst-Wolfgang: Grundrechtstheorie und Grundrechtsinterpretation, NJW 1974, 1529 ff.

BÖHM, Kurt/ WAGNER, Gustav: Datenschutz und medizinische Forschung, CuR 1987, 621 ff.

BOLM-AUDORFF u.a., Tumorhäufigkeit bei Beschäftigten in Holzberufen, in: Bericht über die 25. Jahrestagung der Deutschen Gesellschaft für Arbeitsmedizin e.V., Dortmund, 22.-25.5.1985, 553 ff.

BORCHERT, Günter: Struktur des Gesundheitswesens und Patientendatenschutz, CuR 1988, 391 ff.

BROSETTE, Josef: Der Wert der Wahrheit im Schatten des Rechts auf informatinelle Selbstbestimmung, Dissertation 1991

BRZEZINSKI, Folgen der Messungen, in: Holland u.a. (Hrsg.), Epidemiologie im Gesundheitswesen, 36 ff.

BUCHHOFER, B.: Die neuen Datenzugangsvoraussetzungen für das Hamburgische Krebsregister, in: Hamburgische Krebsregister (1979-1988), Hamburg 1991, 85 ff.

BUCHHOFER, B./WEISSKER, J: Krebsregister Hamburg, in: Hoffmeister (Hrsg.), Bevölkerungsbezogene Krebsregister in der Bundesrepublik Deutschland, München 1987, 19 ff.

BULL, Hans Peter: Datenschutz und Gesundheitsforschung, in: Überla/Zeiler (Hrsg.), Datenschutz und Wissenschaftsadministration, München 1983, 34 ff.

ders.: Neue Konzepte, neue Instrumente? ZRP 98, 310 ff.

ders./ Dammann, U.: Wissenschaftliche Forschung und Datenschutz, DÖV 82, 213 ff.

BÜLLESBACH, Alfred: Datenschutz versus Forschungsfreiheit?, ÖVD 3/1981, 9 ff.

ders., Das neue Bundesdatenschutzgesetz, NJW 91, 2593 ff.

BUSCHMANN, Arno: Zur Fortwirkung des Persönlichkeitsrechtes nach dem Tode, NJW 1970, 2081 ff.

DAMM/ KUNER, Widerruf, Unterlassung und Schadensersatz in Presse und Rundfunk, 1991

DAMMANN, Ulrich: Datenschutz und Forschungsfreiheit - Konsequenzen und Probleme des Entwurfs eines Datenschutzgesetzes, DVR 4 (1975), 201 ff.

ders., in: Simitis u.a., Bundesdatenschutzgesetz Kommentar, Loseblattsammlung

DEUTSCH, Erwin: Medizinrecht, 3 Aufl. 1997

ders., Das therapeutische Privileg des Arztes: Nichtaufklärung zugunsten des Patienten, NJW 80, 1305 ff.

DHOM, Georg (Hrsg.): Epidemiologische Forschung und Datenschutz in der Medizin, Mainz 1992

ders./GRUNDMANN/KEDING/KOLLER/NEUMANN/THOME/ WAGNER: Gutachten zur Frage der Errichtung von Krebsregistern in der Bundesrepublik Deutschland, BT-Drs. 8/3556, 32ff.

v. DOEMMING u.a., Entstehungsgeschichte der Artikel des Grundgesetzes, JÖR 1 (1951), 539 ff.

DREWS, Hans-Ludwig: Mehrgeteilter Datenschutz, CuR 1988, 364 ff.

DUDECK, J.: Wert und Notwendigkeit von Krankheitsregistern, in: Abt/Giere/Leiber, Krankendaten, Krankheitsregister, Datenschutz, Berlin 1985, 207 ff.

EBERBACH, Wolfram: Grundsätze zur Aufklärung bei nicht voll Geschäftsfähigen, MedR 1986, 14 ff.

ders.: Die ärztliche Aufklärung unheilbar Kranker, MedR 1986, 180 ff.

ders.: Einzelfall und wissenschaftliche Methode - ein Widerspruch. Rechtliche und ethische Aspekte klinischer Krebsstudien, MedR 1988, 7 f.

EHLERS, Alexander: Die ärztliche Aufklärung vor medizinischen Eingriffen: Bestandsaufnahme und Kritik, Dissertation 1987

EINWAG, ärztliche Schweigepflicht und Datenschutz, Der Arzt und sein Recht 4/92, 4 ff (Teil I); 5/92 4 ff (Teil II).

v. ELLING, Angela: Eine neue Ära der Krebsbekämpfung?, in: v.Elling/ Wunder, Krebsregister - Erfassung als Politik, Hamburg 1986, 52 ff.

ERFA-Kreis: Novellierung des BDSG - Stellungnahme des ERFA-Kreises Stuttgart zum Regierungsentwurf vom 30.12 1988, DuD 1989, 125 ff.

FEHR u.a., Zur berufsspezifischen Verteilung von Krebsraten, Lebensversicherungsmedizin 2/1984, 28 ff.

v. FERBER, Christian: Gesundheitsberichterstattung, Zur Basis einer rationalen Gesundheitspolitik, CuR 1988, 503 ff.

FRENTZEL-BEYME, Rainer: Einführung in die Epidemiologie, Darmstadt 1985

ders., Aufgaben der Datenverarbeitung in der Epidemiologie, mt 94 (1974), 106 ff.

FREUDENBERG, K.: Kritische Bemerkungen zur Krebsstatistik, in: Wagner, Gustav (Hrsg.): Krebs - Dokumentation und Statistik maligner Tumoren, 1966, 193 ff.

FUNKE u.a., Berufsbezogene Krebsraten bei Frauen, Öff. Gesundh.-Wes. 48 (1986), 584 ff.

GEIGER, Andreas: Die Einwilligung in die Verarbeitung von persönlichen Daten als Ausübung des Rechtes auf informationelle Selbstbestimmung, NVwZ 1989, 35 ff.

GIESSEN, Epidemiologische Krebsforschung - Im Interesse der Krankenversicherung, Ersatzkasse 10/93, 438 f.

GOLA/ SCHOMERUS: Bundesdatenschutzgesetz, 6. Aufl. 1997

GRABITZ, Eberhard: Der Grundsatz der Verhältnismäßigkeit in der Rechtsprechung des Bundesverfassungsgerichtes, AöR 98 (1973), 568 ff.

GREISER, Eberhard: Probleme des Datenbedarfs und Datenzugangs für die epidemiologische Forschung, in: Kilian/Porth (Hrsg.), Juristische Probleme der Datenverarbeitung in der Medizin, Berlin 1979, 78 ff.

ders.: Epidemiologische Forschung und Datenschutzgesetzgeung, in: Überla/Zeiler (Hrsg.), Datenschutz und Wissenschaftsadministration, München 1983, 38 ff.

GRUNER/HARTMANN/MEISNER/PIETSCH-BREITFELD/ SELBMANN: Forschungsvorhaben Epidemiologisches Krebsregister Baden-Württemberg, Kurzfassung des Abschlußberichtes, hrsg. vom Ministerium für Arbeit, Gesundheit, Familie und Sozialordnung Baden-Württemberg, Stuttgart 1989

GUGGEMOOS-HOLZMANN; I.: Statistische Probleme bei der Nutzung medizinischer Datenbanken, in: Abt/Giere/Leiber (Hrsg.), Krankendaten, Krankheitsregister, Datenschutz, Berlin 1985, 99 ff.

HAARTJE, Das Hamburgische Krebsregister im Umbruch, in: Krebs in Hamburg, hrsg. 1991, 9 ff.

ders., Geschichte des Hamburgischen Krebsregisters, in: Hamburger Krebsdokumentation 1989-1991, hrsg. 1995

HANSZEL, W. /LOURIE, W.J.: Quality Control of Data in a Large-Scale Cancer Register Program, in: Wagner, Gustav (Hrsg.): Krebs - Dokumentation und Statistik maligner Tumoren, 1966, 89 ff.

HAMBURGISCHES KREBSREGISTER (Hrsg.), Krebs in Hamburg (1979-1988), Hamburg 1991

HAMMER, Volker/ROSSNAGEL, Alexander: Die Informatisierung des Gesundheitswesens, in: A. Roßnagel (Hrsg.), Freiheit im Griff, Stuttgart 1989, 121 ff.

HERDA, Siegfried: Technische Möglichkeiten des Datenschutzes, in: Überla/Zeiler, Datenschutz und Wissenschaftsadministration, München 1983, 13 ff.

HERRMANN, Joachim: Soll ein Krebspatient über seine Diagnose aufgeklärt werden? Juristische Gesichtspunkte, MedR 1988,1 ff.

HÖLZEL/ SCHUBERT-FRITSCHLE/THIEME: Klinikübergreifende Tumorverlaufsdokumentation: Zwischenbericht aus der Anlaufphase des Tumorregisters München, München 1984

HÖLZEL, Variationen von Inzidenz und Mortalität auf Stadtgebiets- und Gemeindeebene, in v. Manikowsky u.a. (Hrsg,) Methodenregionalisierter Beschreibung und Analyse von Krebsregisterdaten, 95 ff.

HOFFMANN, Epidemiologische Analyse regionaler Häufungen von Krebserkrankungen: Möglichkeiten und Grenzen der Cluster-Untersuchungen, in: v. Manikowsky u.a. (Hrsg.), Methoden regionalisierter Beschreibung und Analyse von Krebsregisterdaten, 54 ff.

HOFFMEISTER, Hans (Hrsg.): Bevölkerungsbezogene Krebsregister in der Bundesrepublik Deutschland, München 1987

ders. /LINGK, Wolfgang (Hrsg.): Krebsregistrierung in der Bundesrepublik Deutschland. Möglichkeiten und Grenzen, Ergebnisse einer Anhörung im Bundesgesundheitsamt Berlin vom 10.-21. 9. 1979, 1981

ders./SCHÖN/BERTZ: Ziele und Stand der Dachdokumentation Krebs, in: Hoffmeister (Hrsg.), Bevölkerungsbezogene Krebsregister in der Bundesrepublik Deutschland, 3. Aufl. 1995, 13 ff.

HOLLAND/CULLEN: Neue Erkenntnisse und veränderte Einstellungen, in: Holleb (Hrsg.), Krebsbuch der American Cancer Society 1990, 3 ff.

HOLLEB, Arthur; Krebs heute: eine Übersicht, in Holleb (Hrsg.), Krebsbuch der American Cancer Society 1990

HUBMANN, Heinrich: Das Persönlichkeitsrecht, 1953

JAHN, E.: Krebsregister, in: Wagner, Gustav (Hrsg.): Krebs - Dokumentation und Statistik maligner Tumoren, 1966, 75 ff.

JARASS, Hans D.: Das allgemeine Persönlichkeitsrecht im Grundgesetz, NJW 1989, 857 ff.

KAATSCH/MICHAELIS, Das Deutsche Kinderkrebsregister, in: Schön u.a. (Hrsg.), Bevölkerungsbezogene Krebsregister, Bd. 3, 1995

KALETSCH u.a. (Hrsg.), Jahresbericht des Deutschen Kinderkrebsregisters 1997

KAMLAH, Ruprecht: Datenüberwachung und Bundesverfassungsgericht, DÖV 1970, 361 f.

KAMPS, Der Verkauf der Patientenkartei und die ärztliche Schweigepflicht, NJW 92, 1545 ff.

KARHAUSEN, Lucien: Einleitung, in: Holland u.a. (Hrsg.), Epidemiologie im Gesundheitswesen, 2 ff.

KILIAN/PORTH (Hrsg.): Juristische Probleme der Datenverarbeitung in der Medizin, Berlin 1979

KILIAN, Rechtsfragen der medizinischen Forschung mit Patientendaten. Datenschutz und Forschungsfreiheit im Konflikt, Darmstadt 1983

ders.: Rechtsprobleme der Behandlung von Patientendaten im Krankenhaus, MedR 1986, 7 ff.

ders., Verfügungsberechtigung über medizinische Daten, in: Kilian/Porth (Hrsg.), Juristische Probleme der Datenvearbeitung in der Medizin, 119 ff.

KOEBEL: Das Fortwirken des Persönlichkeitsrechts nach dem Tode, NJW 1958, 936 ff.

KOLLER, S. /REICHERTZ, P.L. /ÜBERLA, K. (Hrsg.): Juristische Probleme der Datenverarbeitung in der Medizin, Berlin 1979

KRAUSE, Peter: Das Recht auf informationelle Selbstbestimmung - BVerfGE 65, 1, JuS 1984, 268 ff.

KREBSBERICHT der Bundesregierung, BTDrs. 8/3556

KRUPP /PREISSL: Die Neufassung des BDSG und die wissenschaftliche Forschung, CuR 1989, 121 ff.

LAUFS, Praxisverkauf und Arztgeheimnis - ein Vermittlungsvorschlag, MedR 89, 309 ff.

LEMKE/LAASER: Das epidemiologische Modell der Risikofaktoren und seine Umsetzbarkeit. Die Epidemiologie in der Realität der Gesundheitspolitik, MMG 11 (1986), 216 ff.

LENNARTZ, Hans-Albert: Datenschutz und Wissenschaftsfreiheit, Braunschweig 1989

ders.: Verarbeitung personenbezogener Daten zu wissenschaftlichen Zwekken, RDV 1988, 132 ff.

LUTTERBECK, Bernd: Krebsregister und Datenschutz, in: Reichertz/ Kilian, Arztgeheimnis, Datenbanken, Datenschutz, Berlin 1982, 114 ff.

MAILÄNDER, J.: Rechtliche Grundlagen und Grenzen der Krebsregistrierung und Krebsforschung im Saarland, vervielfältigtes Manuskript

MATTAUCH /KRIEG: Nachsorgeleitstelle und epidemiologisches Krebsregister, in: GBK Fortbildung aktuell, 59 (1991), 35 ff.

MAY, Erich: Zum Schutze der Persönlichkeit nach dem Tode, NJW 1958, 2101 ff.

MEMORANDUM BÄK: Die Lage der epidemiologischen Krebsforschung in der Bundesrepublik Deutschland, erstellt von Dhom/Grundmann/ Horbach/Lange/Wagner/Weidtmann Köln 1990 im Auftrag der Bundesärztekammer

MENOTTI, Inzidenzstudie, in: Holland u.a. (Hrsg.), Epidemiologie im Gesundheitswesen, 180 ff.

MICHAELIS, J.: Multizentrische Krankheitsregister - Erfahrungen am Beispiel eines bundesweiten Registers für Malignome im Kindesalter, in: Abt/Giere/Leiber (Hrsg.), Krankendaten, Krankheitsregister, Datenschutz, Berlin 1985, 219 ff.

MILLER, Manfred: Datenschutz in der Forschung, DuD 1986, 7 ff.

v. MÜNCH, in: v. Münch GG, Bd. 3

v. MUTIUS, Albert: Grundrechtsmündigkeit, Jura 1987, 272 ff.

NARR/SCHWANDNER: Die Herrschaftslogik der Krebsregister, in: v. Elling/Wunder (Hrsg.), Krebsregister - Erfassung als Politik, Hamburg 1986, 86 ff.

NEUMANN, Gerhard: Krebsregister Baden-Württemberg, in: Hoffmeister (Hrsg.), Bevölkerungsbezogene Krebsregister in der Bundesrepublik Deutschland, München 1987, 29 ff.

PAASS, Gerhard: Anonymität statistischer Einzelangaben, DuD 1985, 97 ff.

v. PETERSDORFF, Ulrich: Ende des Datenschutzes im Gesundheitswesen? Informationelle Schwachstellen im Gesundheitsreformgesetz, CuR 1989, 615 ff.

PFLANZ, Manfred: Epidemiologie, 1973

REICHERTZ, Peter: Datenschutz und Vertraulichkeitsproblematik medizinischer Daten für Krankenversorgung und Forschung, in: Überla/ Zeiler (hrsg.), Datenschutz und Wissenschaftsadministration, München 1983, 24 ff.

REID/HOLLAND, Messungen bei Studien zur Gesundheitsversorgung, in: Holland u.a. (Hrsg.), Epidemiologie im Gesundheitswesen, 10 ff.

RENGELING, in: Isensee/Kirchoff, Handbuch des Staatsrechts, Bd. 4 1990

RIEGER, Praxisverkauf und ärztliche Schweigepflicht, MedR 92, 147 ff.

RINGWALD, Gerhard: Nochmals: Epidemiologische Forschung und Datenschutz, NJW 1982, 2593

ROBBERS, Gerhard: Partielle Handlungsfähigkeit Minderjähriger im öffentlichen Recht, DVBl. 1987, 709 ff.

ROSSNAGEL, Alexander: Datenschutz bei Praxisübergabe, NJW 1989, 2303 ff.

RZADTKI/WOLLENTEIT: Persönlichkeitsrecht und Krebsregistrierung, in: v. Elling/ Wunder (Hrsg.), Krebsregister - Erfassung als Politik, Hamburg 1986, 154 ff.

SCHACK, Haimo: Weiterleben nach dem Tod - juristisch betrachtet, JZ 1989, 609 ff.

SCHERER, Joachim: Verfassungsrechtliche Probleme des "Musters für ein Krebsregistergesetz", ZRP 1982, 291 ff.

SCHRAGE, Rainer: Krebsregister, in: Der Frauenarzt 32 (1991), 57 ff.

ders.: Anmerkungen zum Positionspapier der Deutschen Krebsgesellschaft e.V. zur Einrichtung bevölkerungsbezogener Krebsregister, in: Gynäkologie und Geburtshilfe 1992, 99 ff.

ders.: Zur Krebsregisterfrage - modifiziertes Melderechtsmodell zur Verbesserung des Datenschutzes, in: Das öffentliche Gesundheitswesen, 53 (1991), 746 ff.

ders.: Zur Frage des Datenschutzes bei Krebsregistern, in: RDV 1990, 116 ff.

ders.: Krebsregister - Ergebnisse und Aspekte, Stuttgart 1990

ders.: Krebsregister - Melderechtsmodell mit peripherer Teilanonymisierung, Stuttgart 1991

SIMITIS, Spiros: Datenschutz und Melderecht - Von der Abstraktion der Generalklausel zur Konkretheit bereichsspezifischer Regelungen, in: Fs Mallmann, Hrsg. von Triffterer/ von Zezschwitz, Baden-Baden 1978, 259 ff.

ders.: Simitis/Dammann/Geiger/Mallmann/Walz: Kommentar zum Bundesdatenschutzgesetz, Loseblattsammlung Stand 5/98

ders.: Die informationelle Selbstbestimmung - Grundbedingungen einer verfassungskonformen Informationsordnung, NJW 1984, 398 ff.

ders.: Datenschutz - Ende der medizinischen Forschung?, MedR 1985, 195 ff.

ders.: Datenschutz und Wissenschaftsfreiheit, in: Kaase u.a. (Hrsg.), Datenzugang und Datenschutz, 1980, 83 ff.

SOMMERLAD, Klaus: Konflikt zwischen Datenschutz, ärztlicher Schweigepflicht und Datenvalidierung? RDV 1991, 226 ff.

STATISTISCHES AMT DES SAARLANDES. Morbidität und Mortalität an Bösartigen Neubildungen im Saarland 1990, Jahresbericht des Saarländischen Krebsregisters 1992

STEGMAIER/ZIEGLER: Zusammenführung personenbezogener Informationen (Record-linkage) - Probleme und Möglichkeiten am Beispiel des Krebsregisters Saarland, in: Vierteljahresheft, 1992, 11 ff.

STEINMÜLLER, Wilhelm: Der Schutz medizinischer Daten: Terminologische, rechtliche und organisatorische Aspekte; sowie ein Vorschlag zur gesetzlichen Regelung des Datensschutzes bei Forschung und Planung, in: Kilian/Porth (Hrsg.), Juristische Probleme der Datenverarbeitung in der Medizin, Berlin 1979

ders.: Ein organisationsunterstütztes Verfahren zur Anonymisierung von Forschungsdaten, in: Kaase u.a. (Hrsg.), Datenzugang und Datenschutz, 1980, 111 ff.

THIELE, W.: Mehr Information tut Not - Krebsregister als Instrumente der Epidemiologie in der Diskussion, in: Hamburgisches Krebsregister (Hrsg.), Krebs in Hamburg (1979 - 1988), Hamburg 1991, 79 ff.

TIMM; Manfred: Ärztliche Schweigepflicht, Dissertation 1988

TINNEFELD/ EHMANN: Einführung in das Datenschutzrecht, 3. Auflage 1998

TINNEFELD/SCHREMPF: Probleme der Datenerhebung im Bereich der Forschung, RDV 1991, 242 ff.

ÜBERLA, Karl /ZEILER, Joachim (Hrsg.): Datenschutz und Wissenschaftsadministration, München 1983

VOGELGESANG, Claus: Grundrecht auf informationelle Selbstbestimmung? Dissertation 1987

WAGNER, Gustav (Hrsg.): Krebs - Dokumentation und Statistik maligner Tumoren, 1966

ders.: Krebsregister - notwendig, wenn auch nicht unproblematisch, in: klinikarzt, 13 (1984), 753 ff.

WENTE, Jürgen: Informationelles Selbstbestimmungsrecht und absolute Drittwirkung der Grundrechte, NJW 1984, 1446 ff.

WENZEL, Das Recht der Wort- und Bildberichterstattung, 3. Auflage 1986

WESTERMANN, Harm Peter: Das allgemeine Persönlichkeitsrecht nach dem Tode seines Trägers, FamRZ 1969, 561 ff.

WOLLENTEIT; Ulrich: Informationsrechte des Forschers im Spannungsfeld von Transparenzforderungen und Datenschutz, Dissertation 1992

WOLTERS, Klaus: Datenschutz und medizinsche Forschungsfreiheit, Dissertation 1988

WUNDER, Michael: Vom Kampf gegen die Krankheit zum Kampf gegen die Kranken, in: v. Elling /Wunder, Krebsregister - Erfassung als Politik, Hamburg 1986, 9 ff.

ZIEGLER-JUNG, Bärbel: Datenschutz bei der Forschung mit Gesundheitsdaten - Probleme und Lösungswege, DVR 8 (1979), 193 ff.

ZIMMERMANN; Reinhard: Gesellschaft, Tod und menschliche Erkenntnis, NJW 1979, 569 ff.